하나님의 임재 연습

하나님의 임재 연습

발행일 2017년 9월 10일 초판 1쇄

지은이 로렌스 형제
옮긴이 정미현
발행인 고영래

발행처 미래사CROSS
주소 서울시 마포구 신수로 60 2층
전화 (02)773-5680
팩스 (02)773-5685
이메일 miraebooks@daum.net
등록 2017년 7월 6일(제2017-000176호)

ISBN 978-89-7087-384-8 04230
ISBN 978-89-7087-383-1 04230(세트)

The Practice of the Presence of God

by Brother Lawrence

Brother Lawrence

하나님의 임재 연습

로렌스 형제 지음 · 정미현 옮김

미래사CROSS

이 작은 책이 가치 있는 이유는 대단히 간단명료하다는 데 있습니다. 그에 반해 이 시대 대부분의 종교가 지닌 문제는 바로 지나친 복잡함에 있지요. 로렌스 형제는 신학적 난제나 교리상의 딜레마로 골머리를 앓지 않았습니다. 그에게는 그런 문제가 아예 존재하지 않았습니다. 단 하나, 그의 목표는 맑은 의식으로 자신과 하나님 사이의 연합을 이루는 것뿐이었습니다. 그래서 그는 이를 성취할 수 있는 최단 경로를 택했고, 그 결과는 로렌스 형제가 직접 남긴 말로 가장 잘 표현됩니다.

"감히 이런 표현을 써도 된다면, 나는 이 상태를 하나님의 '가슴'이라 부르고 싶습니다. 저는 그 품에서 말로 형용할 수 없는 달콤함을 맛보고 경험합니다."

로렌스 형제가 경험했다면 그 누구든 할 수 있습니다. 그가 권고한 은혜로운 '연습'은 그 어떤 신학적 훈련도, 특별한 신학적 관점도 필요로 하지 않습니다. 화려한 교회나 장엄한 성당, 공들인 예식이 그 연습의 성패를 좌우할 수도 없습니다. 주방이든 교회 제단이든 그에게는 아무 차이가 없는 공간이었습니다. 땅에 떨어진 지푸라기 하나를 줍는 일도 많은 사람들에게 말씀을 전하는 것만큼이나 위대한 섬김이었습니다.

"저한테는 일하는 시간이나 기도하는 시간이 별반 다르지 않습니다. 온통 소란스러운 주방에서 여러 사람이 동시에 여러 가지 일을 나에게 요구하는 와중에도 나는 마치 무릎 꿇고 성찬식에 임하는 순간처럼 더없이 평온함 속에서 하나님을 내 안에 모시고 있습니다."

이 작은 책은 내가 아는 한 내게 가장 유익이 되는 책 목록에 올릴 만합니다. 가난하든 부유하든, 많이 배웠든 못 배웠든, 현명하든 단순하든 그 어떤 사람들의 삶에도 꼭 들어맞는 책이지요. 이 책이 가르쳐주는 '연습'은 빨래하는 여인이나 도로에서 돌을 깨는 인부라도 교회의 성직자나 사역 현장의 선교사 만큼이나 아주 수월하게 실천할 수 있다는 든든한 확신을 가지고 계속 이어갈 수 있습니다.

분명 모두가 느낄 만한 부분이 있습니다. 일에 치이고 가난에 허덕이는 사람들의 손에, 무지와 무력함의 한복판에 그리스도에 대한 신앙을 전해주는 것은 그 자체로 대단히 귀중한 은혜입니다. 이것이 곧 로렌스 형제가 했던 일입니다. 그가 보여준 '연습'은 시간도 재능도 훈련도 필요 없습니다. 어느 때든, 무슨 일을 하고 있든, 어떤 상황에 처해 있든 하나님을 알고자 하는 심령은 '하나님의 임재 연습'을 할 수 있으며 앎에 다다를 수 있습니다.

만군의 여호와가 우리와 함께 계시며 야곱의 하나님이 우리의 피난처가 되십니다. 하나님의 동행과 보호를 겉핥기로 믿던 '허울'을 벗고 실제 우리에게 일어나는 일임을 깨닫는 참모습을 찾아가야 합니다. 하나님의 임재가 지속적으로 실현되고 있음을 깨달아야 합니다. 그리하면 로렌스 형제가 경험한 '말로 형용할 수 없는 달콤함'을 우리도 맛보게 되겠지요.

1897년 런던에서

한나 휘톨 스미스*

---

* 한나 휘톨 스미스(Hannah Whitall Smith, 1832~1911)는 미국의 성결 운동과 영국 및 아일랜드의 신앙 부흥 운동이 벌어질 당시 설교와 집필을 통해 사역을 펼친 인물로 여성 참정권 운동과 금주 운동에도 적극적으로 참여하였다. 저서로는 『나의 참 위로되신 하나님』, 『하나님의 돌보심에도 우리는 왜 불안해 하는가』, 『그리스도인이 체험하는 삶의 비밀』 등이 있다.

차례

대화

첫 번째 대화

내가 로렌스 형제를 처음 만난 날, 그는 열여덟 살 때 하나님이 그에게 부어주신 특별한 은혜에 대해 이야기했습니다.

어느 겨울날 로렌스 형제는 이파리 하나 없이 벌거벗고 서 있는 나무를 보면서 '머잖아 저 나무에 잎이 다시 돋아나고 뒤이어 꽃도 피고 열매도 맺히겠지' 하는 생각을 했습니다. 그 순간 한시도 그를 벗어난 적 없던 하나님의 섭리와 권능을 보게 되는 귀한 깨달음을 얻었지요.

이 짧은 경험으로 그는 세상 것을 훌훌 떨쳐내며 완전히 자유로워졌습니다. 그에게 하나님을 향한 크나큰 사랑이 불타올라 그때 이후 사십 년이 넘도록 그 사랑이 얼마나 커져갔는지 말로 표현할 수 없을 정도였습니다.

로렌스 형제는 회계사 피유베르 씨의 청지기로 일했는데 툭하면 이것저것 망치고 다니는 실수투성이 모습을 보였습니다. 그러다 보니 수도원에 들어가고 싶다는 마음이 간절해졌습니다. 그곳에서 자신이 저지른 잘못과 실수에 대한 벌을 받을 뿐 아니라 자신의 인생의 모든 즐거움을 하나님 앞에 바칠 수 있으리라는 생각이 들어서였지요. 하지만 하나님은 그의 기대를 어긋나게 하셨습니다. 잘못에 대한 처벌이나 하나님께 드리는 희생이 아닌 오직 만족감만을 얻게 된 것입니다.

로렌스 형제는 날마다 끊임없이 하나님과 대화하며 그분의 임재를 의식하는 가운데 우리 자신을 공고히 해야 한다고 전했습니다. 사소한 일과 어리석은 생각에 사로잡혀 하나님과의 대화를 단절하는 것이야말로 참으로 부끄러운 일이 아니겠는지요. 우리는 하나님의 귀한 뜻을 양분 삼아 우리 영혼을 먹이고 살찌워야 합니다. 하나님 앞에 헌신하는 가운데 그분의 뜻이 우리에게 크나큰 기쁨을 전해줄 것입니다.

우리 믿음이 약동하도록 활기를 불어넣어야 합니다. 믿음이 너무나 연약하다는 건 참으로 통탄할 일이지요. 인간들이 믿음을 자기 행실의 법도로 여기는 대신 시시때때로 변하는 하찮은 일에나 정신을 빼앗겨 흥겨워하고 있으니, 이 또한 더없이 유감스럽습니다. 믿음의 길은 곧 교회의 정신입니다. 이는 우리를 완전함에 이르도록 끌어주기에 충분한 힘을 발휘합니다.

세상사와 영적인 문제를 모두 하나님 앞에 전적으로 맡긴 상태에서 우리 자신을 온전히 내어드려야 합니다. 그리고 하나님이 우리를 인도하시는 길에 고통이 있든 위로가 있든 우리는 오직 하나님의 뜻을 이루는 데에서 만족을 찾아야 합니다. 하나님 앞에 진정으로 자복하고 나아가는 이에게 고통이나 위로는 아무런 차이가 없기 때문입니다. 아무 감흥 없는 메마른 마음으로 기도를 이어가는 시기라 해도 우리는 신실해야만 합니다. 하나님은 바로 그 지점에서 그분을 향한 우리의 사랑을 시험하십니다. 그런 순간순간 우리는 실제적인 복종이라는 선한 행실을 통해 한층 더 성숙해지는 길로 나아갈 수 있습니다.

로렌스 형제는 날마다 들려오는 이 세상의 불행과 죄악에 관해 놀라지 않았습니다. 오히려 어째서 그런 비참한 일이 더 많이 벌어지지 않는지 의아해했을 뿐입니다. 죄인들이 행사할 수 있는 악독함의 크기를 감안한다면 세상의 고통이 이 정도에서 그치지 않으리라 여겼습니다. 그는 죄인들을 위해 기도하긴 했지만 하나님이 원하시면 그들이 끼친 해악쯤이야 능히 바로잡으실 것을 알기에 그 부분에 대해 크게 염려하지 않았습니다.

하나님이 바라시는 복종과 포기에 이르기 위해 우리는 영적인 문제뿐만 아니라, 저속한 본성의 문제와 관련해 우리 영혼의 일거수일투족을 지켜보아야 합니다. 하나님은 진심으로 하나님을 섬기고자 간구하는 자들에게 인간의 열망에 대해서 분별하는 시각을 허락하실 것입니다.

로렌스 형제는 진정으로 하나님을 섬기고자 하는 것이 나의 뜻이라면 혹시 폐가 될까 염려하지 말고 언제든 자신을 찾아오라고 당부했습니다. 하지만 그런 소망이 없다면 더 이상 그를 찾아올 이유가 없다고도 덧붙였습니다.

두 번째 대화

로렌스 형제는 언제나 사랑의 힘이 다스리는 삶 가운데 거했고 사사로운 일에 얽매이지 않았습니다. 그는 하나님을 사랑하는 것을 모든 행실의 목적으로 삼겠다고 다짐한 후로 자기 방식에 아주 만족해할 이유를 찾아냈습니다. 하나님 사랑을 위해서라면 땅에 떨어진 지푸라기 하나를 주울 때도 기뻐했습니다. 오직 하나님만을 바랐던 그는 그 외 아무것도, 심지어 은사조차 구하지 않았습니다. 그는 자신이 영원히 구제받지 못할 저주받은 존재라는 두려움에 사로잡혀 오랫동안 괴로워했습니다. 세상 그 누구도 그건 잘못된 생각이라고 그는 설득할 수 없었을 것입니다. 하지만 그는 이 문제에 대해 스스로 이렇게 타일렀습니다.

"나는 다만 하나님을 사랑하기 위해 신앙생활에 정진했고, 오로지 하나님을 위해 행동하고자 힘썼다. 내게 무슨 일이 일어나든, 혹시 내가 잃어버린 양이 되든 구원받는 자가 되든 나는 매 순간 하나님을 사랑하기 위해 순전한 행실을 계속 이어갈 것이다. 적어도 이런 선한 행실을 지켜가야만 한다. 내가 죽는 날까지."

이 문제로 인해 4년간 고뇌의 시간을 보내면서 로렌스 형제는 크나큰 고통을 경험했지만, 결국 이 괴로움이 구원의 확신이 없음에서 비롯되었음을 깨달은 후로는 일평생 완전한 자유와 끊임없는 기쁨의 나날을 보냈습니다. 그는 자신이 하나님의 은혜를 입을 자격이 없다고 하나님께 아뢰듯 자신의 죄를 하나님과 자기 사이에 두고 번민했지만, 하나님은 변함없이 풍성한 은혜를 부어주셨습니다.

시시때때로 하나님과 대화하며 우리가 하는 일을 하나님께 아뢰는 생활이 몸에 배도록 하려면 우선 성실한 모습으로 하나님께 전념해야 합니다. 조금이라도 관심을 쏟기 시작하면 하나님의 사랑으로 인해 우리 마음이 아무 어려움 없이 기뻐 뛴다는 사실을 깨닫게 될 것입니다.

로렌스 형제는 하나님이 그에게 허락한 기쁨의 나날이 지나고 나면 곧 고통과 시련이 닥칠 것이라고 생각했습니다. 그렇지만 불안해하지 않았습니다. 자신은 아무것도 할 수 없지만 하나님이 그에게 고통을 감내할 힘을 주실 것을 누구보다 잘 알고 있었기 때문입니다.

선을 행할 기회가 생겼을 때 그는 하나님께 이렇게 아뢰었습니다. "하나님께서 제게 힘을 주시지 않으면 저는 이 일을 행할 수가 없나이다." 그러면 하나님께서는 그에게 넘치도록 넉넉한 힘을 부어 주셨습니다.

어쩌다 자기 본분을 다하지 못했을 때면 잘못을 솔직히 고백하면서 하나님께 아뢰었습니다. "아버지가 저를 내버려두신다면 저는 달리 어쩔 도리가 없는 존재일 뿐입니다. 제가 넘어지지 않도록 붙들어주시는 분도 하나님이시고, 잘못된 바를 고치시는 분도 하나님이십니다." 이런 기도를 드린 후 그는 더 이상 불안에 휩싸이지 않았습니다.

우리는 더없이 소박하고 꾸밈없는 행실로 하나님 앞에 나아가 분명하고 솔직하게 아뢰어야 합니다. 또한 우리의 문제를 있는 그대로 내어놓고 하나님의 도우심을 간구해야 합니다. 로렌스 형제가 종종 겪었다시피 하나님은 도움의 손길을 마다하신 적이 결코 없었습니다.

근래에 그는 수도원에 비치해둘 포도주를 구입하는 일 때문에 부르고뉴에 심부름을 다녀왔습니다. 솔직히 그 일은 로렌스 형제에게 썩 달갑지 않은 임무였습니다. 흥정에는 전혀 소질이 없는 데다 다리를 절어서 배에 타기만 하면 제대로 걷지도 못하고 포도주 통 위를 굴러 다니기만 했습니다.

하지만 그는 걱정스러운 마음을 접어두었고, 포도주를 사는 일도 염려하지 않았습니다. 그는 하나님께 자기가 하려는 이 일이 곧 하나님의 일임을 아뢰었습니다. 그러고 나서 나중에 보니 그 임무가 훌륭히 마무리되어 있었습니다. 그 전 해에도 그가 같은 이유로 오베르뉴에 간 적이 있었는데, 일이 어떻게 돌아갔는지 잘 모르지만 모든 게 아주 잘 진행되었다고 했습니다.

주방 일을 할 때도 마찬가지였습니다. 날 때부터 부엌일이라면 질색하던 그였지만 맡은 일을 잘 해낼 수 있도록 범사에 하나님의 은혜를 구하는 기도를 드리며 하나님을 사랑하는 마음으로 주어진 일을 해 나가니 주방 일도 익숙해졌고 거기서 일하던 15년 동안 모든 일이 수월하게 느껴졌습니다.

그는 자신이 현재 처한 위치에 아주 만족해했으나, 이전에 그랬다시피 언제든 지금 일을 그만둘 준비가 되어 있었습니다. 모든 상황에서 하나님 사랑을 위해서라면 보잘것없는 일일지라도 언제나 기쁜 마음으로 임했기 때문입니다.

그에게 있어 정해진 기도 시간은 그 밖의 시간과 별반 다르지 않았습니다. 위에서 정한 지시에 따라 기도하러 자리를 뜨긴 했지만 그는 그렇게 골방으로 물러나는 것을 원하지도 않았고, 그렇게 해달라고 요청하지도 않았습니다. 아무리 대단한 일을 하고 있어도 하나님을 향한 마음이 다른 데로 흩어지진 않았으니까요.

그는 범사에 하나님을 사랑해야 하는 자신의 의무를 잘 알고 있었고 또한 그렇게 하고자 늘 힘썼습니다. 그래서 굳이 조언을 해줄 지도자는 필요하지 않았지만 고백 성사를 들어주고 죄 사함을 선언해줄 사제는 필요했습니다. 그는 자신의 허물을 익히 알고 있었으나 그것 때문에 낙심하지는 않았습니다. 그는 하나님께 애걸하거나 변명하지 않고 그저 단순히 자신의 죄를 그분께 자백했습니다. 그렇게 자신의 과오를 고백한 다음 하나님을 사랑하고 경배하는 평소의 습관대로 다시 평온하게 자기 행실을 이어갔습니다.

그는 마음이 괴로울 때 그 문제로 다른 사람과 상의하지 않았습니다. 그 대신 하나님의 임재하심을 오직 믿음의 빛을 통해 감지하면서 자신의 모든 행실을 하나님을 향해 끌어가는 데 만족했습니다. 결과가 어떻든 간에 오직 하나님을 기쁘시게 하려는 소망을 품고 모든 일에 임했습니다.

그는 헛된 생각이 모든 일을 망치며 바로 거기서 해악이 비롯된다고 생각했습니다. 우리는 당면한 문제나 우리의 구원과 무관한 것을 감지하는 순간, 즉시 그 부질없는 생각을 물리치고 다시 하나님과 영적으로 교감하는 모습으로 돌아와야 합니다.

처음에 그는 종잡을 수 없이 이리저리 튀는 생각들을 떨쳐내다 이내 다시 잡념에 빠져 정해진 기도 시간을 허비하는 경우가 허다했습니다. 다른 사람들처럼 특정한 방법을 써서 자신을 다스려 전심으로 기도할 수가 없었습니다. 그렇기는 해도 처음에 얼마 동안 묵상을 하긴 했습니다. 그나마도 나중에는 뭐라고 설명할 수 없는 방식으로 묵상 시간이 이어졌습니다.

그는 사랑으로 하나님과 연합하는 데 도움이 되지 않는다면 모든 육체적 고행과 여러 훈련이 소용없는 짓이라고 이야기했습니다. 이 점에 대해 깊이 숙고했던 그는 하나님과의 연합에 이르는 지름길을 찾아냈습니다. 그것은 바로 끊임없이 사랑을 베풀고 모든 일을 하나님을 위해 함으로써 하나님께 곧장 나아가는 것이었습니다.

우리는 이해에서 비롯된 행동과 의지에서 비롯된 행동에 확실한 차이를 두어야 합니다. 전자는 상대적으로 가치가 덜한 반면 후자는 그 자체만으로도 가치가 있습니다. 그저 우리가 할 일은 하나님 안에서 사랑하고 기쁨을 누리는 것뿐입니다.

갖가지 고행을 실천하더라도 그 안에 하나님을 사랑하는 마음이 없다면 그런 고행으로는 단 하나의 죄도 씻어 내지 못합니다. 우리는 아무 염려하지 말고 오직 예수 그리스도의 보혈로 우리 죄를 용서받길 소망하면서 온 마음을 다해 주님을 사랑하는 데 힘써야 합니다. 하나님은 크나큰 죄를 저지른 죄인들에게도 한없는 은혜를 허락하셨습니다. 이는 하나님이 우리에게 베푸신 참으로 놀라운 자비의 증거입니다.

이 세상의 엄청난 고통이나 대단한 기쁨은 로렌스 형제가 경건생활을 하던 상태에서 경험한 고통이나 기쁨과는 가히 비교가 되지 않습니다. 아무것도 염려하지 않고 두려워하지도 않았던 그가 두려워한 단 한 가지는 하나님 앞에 죄를 범하는 것이었습니다. 그는 일말의 망설임 없이 이렇게 말했습니다.

"나는 의무를 다하지 못하는 경우, 그 사실을 기꺼이 인정하면서 '저는 그렇게 자주 실패하고 넘어지는 사람입니다. 혼자 내버려 두면 그 외에는 달리 어쩔 도리가 없습니다'라고 얘기합니다. 만일 실수 없이 일을 제대로 해낸다면 나는 하나님께 감사드리면서 그렇게 하신 분이 하나님이심을 고백합니다."

세 번째 대화

　로렌스 형제는 믿음을 통해 하나님을 존귀하게 여기고 그분을 경외했던 것이 바로 자신이 실천한 영적인 생활의 토대였다고 전했습니다. 그는 일단 이런 사실이 마음 깊숙한 곳에 분명히 자리하게 되자, 다른 모든 생각을 단호히 물리치는 것 외에는 그 무엇도 신경 쓰지 않았습니다. 그래서 하나님 사랑을 위해 모든 일을 행할 수 있었습니다. 이따금 꽤 오랫동안 하나님을 생각하지 못하고 지낼 때면 그것 때문에 불안해하지는 않았으나 자신이 얼마나 형편없는지 하나님 앞에 고한 다음, 이전보다 더 큰 믿음을 가지고 하나님 품으로 돌아갔습니다. 하나님을 잊고 있었던 자신이 참으로 가련한 존재처럼 여겨졌겠지요.

하나님을 향한 우리의 굳건한 믿음이 그분을 한없이 영화롭게 하며 우리에게 커다란 은총을 가져다줍니다. 하나님은 우리를 속이는 일이 없습니다. 또한 하나님께 자신을 전적으로 내어 드리고 하나님의 뜻을 위해 모든 것을 인내하기로 결심한 영혼을 오랜 고통 중에 내버려두지 않습니다.

로렌스 형제는 하나님의 은혜가 도움의 손길로 예비되어 있었던 수많은 경험을 했습니다. 그런 경험 덕분에 그는 할 일이 있을 때 미리부터 그것에 대해 고심하지 않았습니다. 그 일을 할 때가 되면 자기한테 필요한 모든 것이 하나님의 계획 가운데에 있음을 마치 깨끗한 거울을 보듯 선명하게 느꼈습니다. 지체 없이 그의 일을 도우시는 하나님의 손길을 경험하기 전에는 매사가 그에게 걱정거리였으나 이제 그는 앞당겨 염려하지 않으면서 일을 하게 되었습니다.

세상일을 하느라 하나님을 생각하는 집중도가 다소 흐트러질 때면 하나님은 생생한 기억을 되살려 그의 영혼을 채워주었습니다. 그는 충만한 그 기억 속에서 자신을 주체하기 힘들 정도로 기뻐 날뛰며 무아지경에 빠져버렸습니다.

그는 조용한 곳으로 물러나 기도하기 위해 육적인 일을 떠나 있을 때 보다 오히려 그런 세속의 일을 하는 가운데 하나님과 더욱 연합하는 사람이었습니다.

로렌스 형제는 장래에 닥칠 육체적 혹은 정신적 고통에 대해 생각했습니다. 그에게 일어날 수 있는 최악의 상황은 그가 실로 오랫동안 기쁜 마음으로 품어온 하나님에 대한 감각을 잃어버리는 것이었습니다. 하지만 하나님의 선하심으로 확증된 바, 하나님은 결코 그를 저버리지 않으실 것이며 그분이 허락한 그 어떤 불행이 로렌스 형제에게 닥치더라도 하나님은 그가 견뎌낼 수 있는 힘을 주실 것이 분명했습니다.

그렇기 때문에 로렌스 형제는 아무것도 두려워하지 않았으며 자기 상황을 두고 누구와 상의하지도 않았습니다. 누군가에게 조언을 구하려 들면 어김없이 더 혼란스러워지기만 했습니다. 그는 하나님 사랑을 위해서라면 자기 삶도 내려놓을 준비가 돼 있음을 자각하고 있었기에 그 어떤 위험에도 불안해하지 않았습니다. 그가 말했다시피 하나님께 완전히 내어맡기는 것이야말로 천국으로 향하는 가장 확실한 길이며, 그 길에는 우리의 행실을 이끌어줄 밝은 빛이 늘 동행하고 있습니다.

우리는 영적인 생활을 시작할 때, 자기 본분을 다하고 스스로를 부인하며 절제하는 데 충실해야 합니다. 그런 뒤에는 말로 표현할 수 없는 기쁨이 따르는 법입니다. 어려움에 처했을 때 우리가 해야 할 일은 오로지 예수 그리스도를 의지하고 그분의 은혜를 간청하는 것뿐입니다. 그리스도의 은혜라면 모든 것이 수월해지니까요.

많은 이들이 그리스도의 자녀로서 더 나은 모습을 보이며 앞으로 나아가지 못하는 이유가 있습니다. 그들은 하나님 사랑이라는 참된 목적은 등한시하면서 온갖 고행과 특별한 훈련에만 매달립니다. 이는 그들이 매진하는 일을 보면 여실히 드러납니다. 속이 꽉 찬 선한 열매를 좀처럼 보기 힘든 이유도 여기에 있습니다.

하나님께 나아가기 위해 필요한 것은 대단한 기술이나 체계적인 지식이 아닙니다. 오직 하나님을 위해 그분에게만 전심을 다하고 그분만을 사랑하기로 굳게 결심한 마음만 있으면 됩니다.

네 번째 대화

앞에서 간간이 언급했던 대로 로렌스 형제는 자신이 어떻게 하나님께 나아가는지에 대해 아주 허심탄회하게 자주 이야기했습니다.

그는 하나님께 나아가는 데 있어서 가장 중요한 것은 그것을 방해하는 모든 것들을 깨끗하게 포기하는 마음에 있다고 했습니다.

대신 우리는 자유롭고 꾸밈없는 마음으로 시시각각 하나님과 대화하는 데 익숙해져야 합니다. 오직 우리에게 필요한 것은 하나님의 임재하심을 깨닫고 매 순간 하나님께 우리 사정을 아뢰는 자세입니다. 이는 우리가 하나님의 도우심을 간구하기 위해 꼭 필요한 부분입니다. 확신이 없는 일에 대해서는 하나님의 뜻을 알 수 있도록, 그리고 하나님이 우리에게 바라시는 바가 분명해 보이는 일에 대해서는 그것을 제대로 수행할 수 있도록 간구해야 합니다. 그리고 일을 하기에 앞서 하나님께 먼저 고하고 일을 끝낸 뒤에는 주님을 위하여 그 일을 할 수 있는 특권을 주신 것에 대해 그분께 감사드려야 합니다.

이렇게 하나님과 대화하는 가운데 그분의 무한한 선하심과 온전하심에 대한 우리의 끊임없는 찬양과 사랑의 고백이 포함되는 것은 두말할 필요도 없습니다.

우리는 우리의 죄로 인해 낙심하지 않으며, 절대적인 신뢰로 하나님의 은혜를 구해야 하고, 우리 주 되신 예수 그리스도의 무한한 공로만을 의지해야 합니다. 하나님은 우리가 하는 모든 일에 반드시 은혜를 부어주십니다. 로렌스 형제는 생각이 이리저리 딴 데로 흩어져 하나님의 임재를 의식하는 데서 벗어나거나 하나님의 도우심을 요청하는 마음을 잊어버렸을 경우가 아니라면, 자신을 둘러싼 하나님의 은혜를 똑똑히 느꼈습니다. 그 은혜를 받지 못한 적이 한 번도 없었습니다.

하나님은 우리가 불확실한 상태에 처할 경우 언제나 밝은 빛을 비추어 인도해주십니다. 이는 하나님을 기쁘시게 하는 것 말고 다른 마음을 품지 않을 때 우리에게 허락된 은혜입니다.

성화^{聖化}의 단계에 이르는 길은 단순히 행실을 바꾸는 데 있지 않습니다. 평소에 우리 자신을 위해 하던 일을 하나님을 위해 행하는 가운데 성화가 일어납니다. 많은 사람들이 수단을 목적으로 오해하고 특정한 일에 골몰하는 모습을 볼 때면 안타까움을 금할 수 없습니다. 그나마도 지극히 인간적이고 이기적인 관심 때문에 일을 아주 서툴게 수행하는 모습이 참으로 유감스럽습니다.

로렌스 형제는 하나님께 나아가는 가장 훌륭한 방법을 알려주었습니다. 사람을 기쁘게* 하려는 생각을 버린 상태에서 우리의 힘이 닿는 한 순전히 하나님 사랑을 목표로 두고 자신에게 주어진 일을 하는 것이었습니다.

기도하는 시간과 그 밖의 시간이 서로 달라야 한다는 생각은 엄청난 착각입니다. 기도하는 시간에 기도로 하나님께 열심을 다하는 만큼, 일을 할 때도 일로 하나님께 충실하는 모습이야말로 우리가 철저히 지켜야 할 부분입니다.

로렌스 형제의 기도는 오롯이 하나님의 임재를 의식하는 그 자체였습니다. 그 순간 그의 영혼은 하나님의 사랑 외에는 아무것도 의식하지 못했습니다. 정해진 기도 시간이 지난 후에도 그는 전심으로 하나님을 송축하고 찬양하면서 하나님과 계속

---

* 갈라디아서 1장 10절, 에베소서 6장 5~6절

함께했기 때문에 기도 시간이든 아니든 전혀 차이를 느끼지 못했습니다. 말하자면 그는 끊임없이 기쁨의 복을 누리며 일평생을 산 것입니다. 하지만 그는 자신이 조금 더 강인해졌을 때 하나님이 그에게 시련을 주시기를 바라기도 했습니다.

그는 우리가 온 마음을 다해 진심으로 하나님을 신뢰하고, 그분이 우리를 절대 속이지 않으실 것을 확신하면서 하나님께 우리 자신을 완전히 내어드려야 한다고 말했습니다.

우리는 하나님 사랑을 위해서라면 아무리 하찮은 일이라도 귀찮아 해서는 안 됩니다. 왜냐하면 하나님은 우리가 얼마나 대단한 일을 하는지 보다 우리가 그 일을 행할 때 사랑으로 하는지를 눈여겨보시기 때문입니다. 혹시 처음에 우리의 노력이 실패로 돌아가더라도 의아해하지 않아야 합니다. 그런 노력 끝에 적어도 한 가지 습관은 얻게 됩니다. 아무 걱정 없이 자연스럽게 행동을 이끌어내는 습관 말입니다. 그것만으로도 더없이 큰 기쁨일 것입니다.

신앙의 본체는 믿음, 소망, 사랑입니다. 이는 우리가 하나님의 뜻과 연합하는 연습을 통해 완성시킬 수 있는 본질입니다. 다른 모든 것은 그저 수단으로 쓰일 뿐이므로 중요치 않습니다. 결국 우리는 목표 지점에 이르러 믿음과 사랑 안에 머리부터 발끝까지 완전히 잠기게 될 것입니다.

믿는 자에게는 능치 못할 일이 없습니다. 소망이 있는 자에게는 모든 일이 그리 힘겹지 않습니다. 사랑하는 자에게는 만사가 수월해집니다. 그리고 이 세 가지 덕목을 꾸준히 훈련하며 인내하는 자 역시 모든 것을 수월하게 이루어갑니다.

우리가 작정해두어야 할 목표는 지금 이 삶 속에서 될 수 있는 한 가장 완벽하게 하나님을 경배하는 자가 되는 것입니다. 이 땅에서 우리가 이룰 수 있는 모습, 영원무궁토록 간직하기를 소망하는 예배자가 된다는 뜻입니다.

우리는 영적인 생활의 문턱에 들어섰을 때 그 생활의 이면에서 자신이 어떤 존재로 있는지 곰곰이 생각하고 점검해봐야 합니다. 그러고는 우리 자신이 온갖 업신여김을 받고도 남을 자이며 그리스도인의 이름을 얻기에는 자격 미달인 존재임을 깨달아야 합니다.

우리는 갖가지 불행과 숱한 재난에 속절없이 휘둘리는 존재입니다. 온갖 불행은 우리를 곤경에 빠트리고 건강과 기분, 내면의 기질, 외적인 기질을 끊임없이 요동치게 만듭니다. 결정적으로 우리는 안팎으로 고통스럽고 고된 일을 겪으면서 하나님의 뜻에 따라 겸허하게 되는 존재임을 인식해야 합니다. 이런 깨달음이 있은 후에 우리는 사람들한테 비롯되는 분쟁과 유혹, 대립, 반박에 직면해도 놀라지 말아야 합니다. 오히려 하나님이 기뻐하시는 한 그 모든 일을 감수하고 견뎌내야 합니다. 우리에게 아주 이로운 일들이기 때문입니다.

더 높은 차원의 완전함에 이르기를 열망하는 영혼일수록 하나님의 은혜에 더욱더 의지하게 됩니다.

어느 날 로렌스 형제가 몸담고 있던 수도원의 동료가 하나님을 의식하는 습관을 어떻게 체득했는지에 대해 질문했습니다.* 그 방법을 궁금해한 동료 수사에게 로렌스 형제는 허심탄회하게 답했습니다.(그는 마음을 터놓고 이야기하는 것을 본인의 의무처럼 생각했습니다.) 수도원에 처음 왔을 때부터 로렌스 형제는 하나님이야말로 자신의 모든 생각과 열망을 집중시킬 대상이라고 생각했습니다. 마음속 생각과 절실한 바람이 향하는 목표 지점이자 모든 것을 마무리 지어주는 존재가 바로 하나님이었습니다.

그는 수사 수련 기간 초창기에 개인 기도를 하도록 정해진 시간을 하나님 생각에 몰두하며 보냈습니다. 신중한 추론과 공들인 묵상보다는 경건한 생각과 믿음의 능력에 대한 복종을 통해 거룩한 존재를 깨닫고 이를 마음 깊이 새기기 위함이었습니다. 짧지만 확실한 이 방법으로 하나님을 알고 사랑하

---

* 이하의 내용은 로렌스 형제에 대한 다른 기록에서 가져왔다.

는 연습을 하면서 하나님의 임재를 끊임없이 의식하는 삶을 살고자 최선의 노력을 다하고, 가능하다면 앞으로 절대 하나님을 잊지 않으리라 결심하는 것입니다.

그는 기도하는 동안 무한한 존재이신 하나님을 생각하며 마음을 든든히 채운 다음 자기 소임인 주방 일을 하러 갔습니다 (로렌스 형제는 수도원 요리사였습니다). 주방에 가면 일단 해야 할 일이 무엇인지, 언제 어떻게 각각의 일을 처리해야 하는지 따로따로 생각했습니다. 각각의 일을 하기 전과 일을 하고 난 후 사이사이 틈이 날 때마다 늘 기도했습니다.

일을 시작하면서 하는 기도는 부모를 신뢰하는 자식의 심정을 담고 있었습니다.

"하나님 아버지, 아버지가 저와 함께 계심을 압니다. 지금 저는 아버지가 지시하신 바를 따르는 자세로 이 일상적인 업무에 마음을 쏟으려 합니다. 그래서 간구하오니 아버지가 계속 저와 함께하시는 은혜를 허락하시고 이 일을 잘 할 수 있도록 도와주시옵소서. 또한 제 모든 노력을 흠향하시고 아버지에 대한 제 사랑도 받아주시기를 간구하나이다."

그는 하나하나 일을 해나가는 동안에 창조주 하나님과 친밀한 대화를 계속 이어갔습니다. 매 순간 하나님께 은혜를 구하고 자신의 모든 행실을 하나님께 바쳤습니다. 일을 마치면 자기 임무를 어떻게 수행했는지 스스로 점검하는 시간을 가졌습니다. 잘 해냈다는 판단이 들면 하나님께 감사를 드렸고, 일을 잘 해내지 못했을 경우에는 하나님께 용서를 구하되 낙심하지는 않았습니다. 마음을 바르게 다잡고 하나님의 임재 연습에 매진했습니다. 마치 단 한 번도 궤도를 벗어난 적이 없는 것처럼 훈련을 계속해나갔습니다.

"수없이 쓰러져도 다시 일어나고 믿음과 사랑의 행실을 시때때로 새롭게 한 덕분에 지금은 머릿속에서 하나님 생각을 떨치기가 힘들 정도가 됐습니다. 처음에는 늘 하나님 생각을 하는 습관을 익히기가 무척 힘들었는데, 이제는 오히려 하나님 생각을 안 하기가 그만큼 힘들어진 상태가 되었습니다."

로렌스 형제는 하나님의 임재 가운데 인생길을 걷는 것이 얼마나 유익한지 깨달았기 때문에 당연히 다른 이들에게도 자신이 체득한 방법을 진지하게 권했습니다. 물론 몸소 본보기가 된 그의 삶 자체는 그가 힘주어 말한 어떤 내용보다도 더 강력한 자극제가 되었습니다. 사람들이 그의 얼굴만 봐도 깨달음을 얻는 기분을 느낄 정도였습니다. 그의 얼굴에 고스란히 드러나는 경건함이 참으로 맑고 평온했기에 이를 보는 이들은 마음의 울림을 느낄 수밖에 없었습니다. 그는 주방에서 이리 뛰고 저리 뛰며 정신없이 일하는 중에도 마음의 평정과 경건함을 잃지 않았습니다. 매사에 바삐 서둘지도 않았고 그렇다고 여유를 부리며 빈둥거리지도 않았습니다. 언제나 변함없이 침착하고 평온한 마음으로 모든 일을 제때 해냈습니다.

"저한테는 일하는 시간이나 기도하는 시간이 별반 다르지 않습니다. 온통 소란스러운 주방에서 여러 사람이 동시에 여러 가지 일을 나에게 요구하는 와중에도 나는 마치 무릎 꿇고 성찬식에 임하는 순간처럼 더없이 평온함 속에서 하나님을 내 안에 모시고 있습니다."

편지

첫 번째 편지

자네가 참으로 간곡히 청해서 이렇게 연락을 하네. 자비로 우신 우리 주 하나님이 기꺼이 허락하신 바, 내가 평상시에 늘 하나님의 임재를 의식하는 데 이를 수 있었던 방법을 자네에게 알려주기로 했지.

자네의 청에 따라 못 이기는 척 내 얘기를 들려주긴 하네만, 이렇게 마음먹기가 굉장히 어렵다는 건 꼭 알아두게. 이 또한, 내 편지를 아무한테도 보여주지 않는다는 조건하에 말해주는 것이네. 혹시나 자네가 편지를 공개한 사실이 나한테 알려지면 내가 아무리 자네의 영적 성장을 바라 마지않는 사람이라 해도 더는 이런 편지를 쓸 수 없게 될 걸세. 자, 이제부터 하나하나 알려주겠네.

나는 이런저런 많은 책에서 하나님께 나아가는 갖가지 방법과 여러 가지 영적인 생활 훈련법을 보았네. 그걸 보면서 이런 생각이 들더군. 어떻게 하면 오롯이 하나님의 소유가 될 수 있을까? 수많은 책에서 말하는 방법들은 내가 추구하는 바를 이루도록 도와주기는커녕 도리어 갈피를 못 잡게 만드는 것 같았지. 그래서 내 모든 걸 걸어보리라 결심하게 된 걸세.

나의 죄를 사해주시기를 바라는 심정으로 하나님께 나의 머리부터 발끝까지 남김없이 내어드린 후, 나는 하나님 사랑을 위해 모든 것을 포기했네. 하나님만을 남기고 다 버렸지. 그리고 마치 이 세상에 하나님과 나 외에는 아무도 없는 것처럼 살기 시작했네. 때때로 내 자신이 하나님의 심판을 기다리며 그분 발치에 엎드린 가련한 죄인으로 여겨지기도 했고, 또 어떤 때는 하나님을 진심으로 나의 아버지, 나의 창조주로 바라보기도 했네. 나는 내 힘이 닿는 한 자주 하나님께 예배하며 그분의 거룩한 임재 안에 내 마음을 단단히 붙들어두었지. 그리고 툭하면 하나님을 떠나 옆길로 새려는 마음을 다시 제자리로 불러들이곤 했네.

이런 훈련은 적잖이 고통스러웠지. 하지만 온갖 어려움에도 불구하고 훈련을 그치진 않았다네. 나도 모르는 사이에 내 마음이 방황할 때면 불안해하며 속을 태우거나 동요하지 않고 훈련에 매진했네. 정해진 기도 시간은 물론이고 하루 온종일 이 훈련을 나의 일로 삼아 실천했던 걸세. 매 분, 매 시간, 심지어 한창 일하는 와중에도 하나님에 대한 생각을 가로막을 만한 건 일절 내 마음에 발도 못 붙이게 쫓아버렸다네.

이런 연습은 내가 신앙을 갖게 된 후 어느덧 일상적인 습관이 되었다네. 아주 어설프게 실천했다 하더라도 이 연습은 내게 큰 유익이 되었지.

우리는 하나님 없이 아무것도 할 수 없는 존재라네. 특히 나는 다른 사람들보다 더욱 하잘것없는 존재이기 때문에 하나님이 내게 허락한 크나큰 도움은 오로지 하나님의 완전한 자비하심과 선하심에 힘입은 것임을 너무나 잘 알고 있다네. 그렇지만 하나님의 거룩한 임재 안에 우리 자신을 붙들어두고 언제나 하나님을 우리 자신보다 소중히 여기는 데 충실한 모습을 보인다면, 하나님을 진노케 할 일도 없고 적어도 의도적으로 하나님의 심기를 상하게 하는 행동을 할 일도 없겠지. 뿐만 아니라 우리 안에 경건한 자유가 생겨난다네. 그리고 이렇게 얘기해도 된다면, 우리가 늘 간구하는 하나님과의 친밀함은 물론이요 우리가 갈급해하는 하나님의 은혜 역시 용케 우리 안에 찾아오지.

결정적으로 이런 연습을 하고 또 자주 되풀이하면 이 행동은 차츰 습관이 된다네. 어느새 하나님의 임재는 숨 쉬듯 자연스러운 상태가 되어 우리를 감싸지. 나를 향한 하나님의 한량없는 선하심에 대해, 내가 아무리 찬양해도 늘 부족할 그 선하심에 대해 나와 함께 하나님 앞에 감사기도를 드렸으면 하네.

비참하고 가련하기 그지없는 나 같은 죄인에게 하나님이 부어주신 은혜에 대해 부디 나와 더불어 감사하는 시간이 되길 바라네.

만물이 하나님을 찬양하길 원하나이다.

아멘.

주님 안에 있는 벗으로부터

두 번째 편지

신부님께.

책에서는 제가 따를 만한 삶의 방식을 찾지 못했습니다. 그것 때문에 곤란하다는 생각은 들지 않지만 보다 확실히 생각을 정리하는 차원에서 신부님의 고견을 전해 듣는다면 참으로 기쁠 것 같습니다.

며칠 전에 한 형제를 만나 얘기를 나눴습니다. 아주 독실한 그 형제가 말하기를, 영적인 삶이란 은혜의 삶이며 이는 굴종적인 두려움에서 시작하여 영생에 대한 소망을 통해 점점 성장하고 순전한 사랑으로 완성된다고 했습니다. 각각의 상태에는 별개의 단계가 있으며 인간은 여러 단계를 거쳐 드디어 축복받은 완전한 경지에 다다른다고 합니다.

저는 그가 이야기한 이 방법을 전부 이해하지는 못했습니다. 직감이 아니라 제가 아는 바에 비추어 생각해보면 오히려 그런 방법들이 제 의욕을 꺾어버렸다는 생각이 드는군요. 제가 신앙의 길로 들어서면서 했던 한 가지 다짐이 그와 연관되어 있다는 생각을 했습니다. 하나님의 사랑에 대해 제가 드릴 수 있는 가장 큰 보답으로 나 자신을 내어드리고, 하나님을 사랑하는 삶을 위해 다른 모든 것을 포기하자는 다짐이었지요.

첫해에는 정해진 기도 시간에 주로 죽음, 심판, 천국, 지옥 그리고 나의 죄에 대해 생각하는 데 힘썼습니다. 그 후 몇 년 동안 기도 시간 외에 틈이 날 때면 언제든, 심지어 한창 일하는 중에도 하나님의 임재에 대해 고심하고 또 고심했습니다. 저는 하나님이 항상 나와 함께하신다고 생각했습니다. 내 안에 계심을 느낄 때도 많았고요.

그러는 사이 어느덧 정해진 기도 시간 외에도 무심결에 하나님의 함께하심을 느끼게 되었고, 이로 인해 제 마음에는 커다란 기쁨과 위로가 찾아왔습니다. 이런 연습을 통해 저는 하나님을 한없이 존귀하게 여기는 마음을 키워갔으며 그 점에 있어서 오로지 믿음만이 저를 만족케 했습니다.

저는 이렇게 영적인 생활의 첫발을 내딛었습니다. 다른 건 몰라도 처음 10년 동안 너무나 고통스러웠다는 말은 꼭 드려야겠네요. 제가 소망하는 만큼 하나님께 헌신하지 못해서 불안했고 지난날의 죄가 늘 제 머릿속에서 맴돌았으며 하나님이 제게 분에 넘치는 은총을 베푸셨다는 사실이 제겐 더없는 고통으로 박혀 있었습니다. 저는 이 시기에 나약하게 자주 넘어졌고 이내 다시 일어서곤 했습니다.

하나님이 만드신 모든 피조물과 이성, 심지어 하나님 조차 저와 맞서고 있는 것 같았고, 제게는 오직 믿음밖에 없다고 느꼈습니다. 어떤 때는 제가 하나님께 크나큰 은혜를 입었다는 믿음이 제 뻔뻔스러움의 발로라는 생각이 들기도 했고, 혹시 다른 사람들이 간신히 도달하는 지점을 저는 단숨에 도달한 척하는구나 싶어 괴로웠습니다. 또 어떤 때는 모든 게 제멋대로 생긴 망상이며 나에게는 아예 구원이란 게 없다는 생각에 몹시 불안하기도 했습니다.

이런 근심 걱정에 휩싸여 일생을 끝낼 것 같다는 생각이 들었을 때(그렇다고 이런 생각 때문에 하나님에 대한 제 믿음이 사그라지진 않았습니다. 오히려 제 믿음이 성장하는 데 도움을 받았지요.), 갑자기 제 자신이 바뀌었음을 깨닫게 되었습니다. 그때까지도 내내 괴로움에 빠져 있던 제 영혼은 마치 평온한 안식처 한가운데 거하듯 깊디깊은 평안을 느꼈습니다.

그때 이후로 저는 오로지 믿음 안에서 겸손과 사랑을 덧입고 하나님 앞으로 걸어가고 있습니다. 하나님의 뜻을 거스를 만한 일은 생각으로든 행위로든 절대로 하지 않기 위해 열심히 마음을 다잡으면서 말이지요. 제가 할 수 있는 일을 다 해냈을 때 하나님이 기뻐하시는 일을 저와 함께 행하시길 소망할 뿐입니다.

현재 제 안에 무엇이 있고 어떤 일이 벌어지는지 제대로 표현할 수가 없습니다. 하나님의 뜻 외에는 내게 의지라 할 만한 게 없기 때문에 내 상태가 그리 고통스럽거나 힘들지는 않습니다. 저는 모든 것을 오직 하나님의 뜻 안에서 이루고자 노력합니다. 그리고 그 뜻에 전적으로 순종하기 때문에 하나님의 명령에 어긋나거나 하나님에 대한 순전한 사랑 외에 다른 동기로는 땅에서 지푸라기 하나 줍지 않습니다.

제 상황 때문에 의무적으로 해야 하는 것을 제외하면 이제는 모든 경건 훈련과 정해진 기도 일정을 그만두었습니다. 오직 하나님의 거룩한 임재 연습을 꾸준히 해나가는 것만을 나의 일로 삼고 있거든요. 하나님의 임재 안에서 그분께 온전히 집중하고 모든 것을 아울러 하나님을 사랑하면서 스스로를 지키고 있습니다. 저는 이것을 하나님의 실제적 임재라고 칭합니다. 보다 쉽게 표현하자면, 우리 영혼이 하나님과 나누는 대화라 할 수 있겠네요. 고요함 가운데 몸에 밴 습관처럼 남

몰래 나누는 대화 말입니다. 이런 대화는 제게 기쁨을 줍니다. 내적으로 더없는 기쁨을 느끼는 것은 물론 때로는 외적으로도 황홀경을 맛봅니다. 그 기쁨이 하도 커서 환희에 사로잡힌 스스로를 진정시키고 남들에게 그런 모습을 보이지 않기 위해 방법을 찾아야 할 정도이지요.

간단히 말하자면, 저는 지난 30년 넘게 제 영혼이 하나님과 함께 있었음을 믿어 의심치 않습니다. 신부님이 듣기에 지루하실 만한 얘기는 많이 넘어가고 있지만 이것만은 알려드리는 게 맞다는 생각이 드네요. 제가 왕으로 섬기며 오매불망 바라보는 하나님 앞에서 제 자신을 어떻게 여기는지 그 마음가짐에 대해서 말입니다.

저는 스스로를 모든 인간 가운데 가장 형편없는 자로 여깁니다. 썩어 문드러진 상처와 부패한 흔적투성이, 자기 왕의 뜻을 거스르는 온갖 죄악을 저지른 인간으로 말이지요. 그런 제가 깨닫는 마음으로 뉘우치고 한탄하면서 나의 모든 악독함을 하나님께 자백하고 용서를 구합니다. 그리고 저를 그분 손에 완전히 내어 맡깁니다. 하나님이 원하시는 대로, 마음대로 하시라고요. 그러면 왕이신 하나님은 풍성한 자비와 선하심으로 저를 기꺼이 받아들이십니다. 엄히 혼내시기는커녕 사랑으로 꼭 안아주시고 그분의 상에서 먹게 하시며 손수 저를 먹이시고 감추인 보화를 찾는 열쇠를 건네십니다. 하나님은 수천수만 가지 방법으로 저와 늘 교제하시고 저와 함께 기뻐하시면서 모든 면에서 저를 아끼고 사랑으로 대하십니다. 그렇기 때문에 저는 시시때때로 하나님의 거룩한 임재 안에 거한다고 생각합니다.

하나님의 임재 연습에 임할 때 제게 가장 유익한 방법은 하나님께 온전히 집중하고 뜨거운 마음으로 그분께 경의를 표하는 것입니다. 하나님께 꼭 붙어 있는 저는 엄마 젖을 물고 있는 아기가 느끼는 달콤함과 기쁨보다 더욱 다디단 환희를 맛볼 때가 많습니다. 감히 이런 표현을 써도 된다면, 이 순간을 하나님의 품에 안긴 상태라 부르고 싶습니다. 이따금 불가피한 이유로, 혹은 연약함 때문에 제 생각이 하나님 품에서 벗어나 방황할 때면 참 말하기도 민망한 무엇인가가 내 안에서 손짓을 하고, 저는 그 매혹적이고 향긋한 속삭임에 금세 끌려가고 맙니다.

이미 충분히 아시는 바와 같이 제가 얼마나 형편없는 인간인지를 신부님께서 잘 생각해보셨으면 합니다. 저처럼 자격이 없고 배은망덕한 인간에게 하나님이 얼마나 큰 은혜를 부어주셨는가보다는 엄청나게 질이 나쁜 제 본모습에 대해 곰곰이 생각해볼 필요가 있습니다.

정해진 기도 시간은 그저 제가 지속적으로 수행하는 똑같은 훈련일 뿐입니다. 저는 때때로 제 자신을 조각가 앞에 놓인 돌덩이로 여기기도 합니다. 조각가가 저라는 돌을 재료 삼아 조각상을 만들겠지요. 그래서 저는 하나님 앞에 저를 드리면서 제 심령 안에 하나님의 완전한 모습을 새겨주시고 저를 하나님과 닮은 형상으로 만들어주시길 간구합니다.

또 어떤 경우에는 기도에 전념하고 있을 때 전혀 신경 쓰지도 않고 애쓰지도 않았는데 제 정신과 영혼이 통째로 들려 올라가는 기분을 느낍니다. 마치 하나님 안에 단단히 고정돼 붙들려 있는 듯 그 상태가 지속됩니다. 영혼의 중심이자 쉴 곳이 되시는 하나님 안에 굳게 자리 잡고 있는 셈이지요.

어떤 이들은 이 상태가 무기력, 망상, 자기애에 사로잡힌 것이라고 비난합니다. 하지만 고백컨대, 이 무기력은 하나님의 거룩함 속에 내가 아무것도 할 수 없음을 의미하며, 만약 그 상태에 있는 영혼이 스스로를 사랑할 수 있다면 그건 행복한 자기애일 것입니다. 사실상 영혼이 이런 평온함 속에 있는 동안에는 이전에 익숙했던 행실로 인해 불안해질 리가 없기 때문입니다. 과거에 익숙했고 자신을 지탱해주었으나 이제는 도움이 되기보다 걸림돌이 되는 행실로 말미암아 동요하지 않는다는 뜻이지요.

하지만 이 상태를 망상이라고 부르는 것은 참을 수 없습니다. 하나님께 붙들린 영혼은 그 상태에서 하나님으로 인해 기쁨을 누리고 오직 그분만을 바라기 마련입니다. 만약 이것이 내 안에 있는 망상이라면 그것을 고쳐주실 하나님께 속한 망상이겠지요. 하나님이 원하시는 대로 저를 쓰시게 할 것입니다. 오직 하나님만을 바라며 그분께 전적으로 헌신하길 간구합니다. 부디 신부님의 고견을 제게 들려주십시오. 저는 늘 신부님의 의견에 경의를 표하며 신부님을 대단히 존경하고 있는 사람이니까요.

우리 주님 안에서 신부님의 벗 드림

세 번째 편지

우리에게는 하나님이 계시네. 한없이 은혜로우시며 우리가 원하는 바를 전부 아시는 분 말일세. 그런 하나님이 자네를 극한까지 몰아갈 수도 있다는 생각을 늘 했었네.

하나님은 그분의 때가 되었을 때, 우리가 전혀 예상치 못한 시점에 찾아오실 것일세. 그 어느 때보다도 더 열심히 하나님 안에서 소망을 찾게. 그분이 자네에게 베푸신 은혜에 대해 나와 함께 감사 기도 드리길 바라네. 무엇보다도 자네가 고통 중에 있을 때 하나님이 허락하신 꿋꿋한 용기와 인내에 대해 감사했으면 하네. 이 자체가 하나님이 자네를 돌보신다는 분명한 증거 아니겠나. 그러니 부디 하나님으로 위안을 삼고 범사에 감사하길 바라네.

＿＿＿＿＿ 씨가 보여준 불굴의 정신과 용기 역시 참으로 감탄스럽더군. 하나님이 그에게 좋은 성품과 선한 의지를 허락하시긴 했지만, 여전히 그에게 세상적인 면이 조금 남아 있고 젊은이다운 혈기가 펄떡대고 있는 건 사실이지. 하나님이 그에게 주신 고통이 그에게 유익한 치료제 역할을 하면서 자기 내면을 찬찬히 헤아려보게 만드는 힘이 되길 소망하네. 그에게 이런저런 일이 일어나는 것은 그가 온 마음을 다해 하나님을 신뢰하는 사람이 되게 하려는 하나님의 뜻일세. 어디를 가든 항상 그와 동행하시는 하나님을 전적으로 믿게 만드는 일이지.

시시때때로 그가 스스로에 대해 생각할 시간을 갖게 해야 하네. 특히 크나큰 위험에 처했을 때 말일세. 그런 자성의 시간을 통해 조금이라도 기운을 낸다면 그것으로 족하네. 손에 검을 들고 행군 중일지라도 잠시나마 하나님을 기억하고 마음속으로 예배하는 행위가 곧 기도 아닌가. 그것이 아무리 짧은 기도일지라도 하나님은 기쁘게 받아주신다네. 그 짧은 기도는 위험한 상황에 처한 병사의 용기를 앗아가는 게 아니라 담대함을 더욱 공고히 해줄 것일세.

그가 최선을 다해 하나님을 생각하도록 다독여주게. 소소해 보이지만 더없이 거룩한 이 훈련에 그가 차차 익숙해질 수 있도록 하게. 잠시 잠깐 하는 기도는 아무도 눈치채지 못할 걸세. 매일 짬짬이 마음속으로 드리는 이 짧은 예배를 되풀이하는 것만큼 쉬운 게 어디 있겠나?

괜찮다면 여기서 말하는 방법대로 그가 할 수 있는 한 최선을 다해 하나님을 생각하라고 권고했으면 좋겠네. 매일 생명의 위협을 받는 군인에게 아주 적합하고 가장 필요한 방법이지. 그와 그의 모든 식구들을 내가 섬기는 하나님께서 도와주시기를 소망하네.

그 가족들의 벗이자 자네의 벗으로부터

네 번째 편지

　우리 수도회 형제*가 하나님의 임재를 통해 얻은 놀랄 만한 결과와 끊임없는 도우심에 관해 느낀 바를 들려주었는데, 이번 기회에 이 내용을 함께 나눌 수 있게 되었군. 이를 통해 자네와 내가 더불어 유익을 얻었으면 하네.

　그 형제에 대해 알아둘 게 있네. 그는 지난 40여 년간 신앙생활을 하면서 항상 하나님과 함께하는 것, 그리고 하나님을 거스를 만한 일은 행위로든 말로든 생각으로든 일절 하지 않는 것에 끊임없이 신경을 썼다고 하네. 오직 하나님을 사랑하

---

* 다른 영문판에 실린 설명에 따르면, 이 형제는 곧 로렌스 형제 자신을 지칭하는 말로 알려져 있다. 그의 겸손함에서 비롯된 표현인 듯하다.

는 순전한 마음 외에는 다른 생각이 전혀 끼어들지 않았지. 하나님은 마땅히 그런 사랑을 받으실 분이 아닌가.

이제 그는 하나님의 거룩한 임재에 아주 익숙해져서 매사에 그분의 임재를 통해 끊임없이 도움을 받고 있다네. 근 30년 동안 그의 영혼은 기쁨으로 충만한 나날을 보냈지. 끊임없이 그의 영혼을 가득 채워주는 기쁨이 때로는 넘칠 듯 하도 커져서 겉으로 드러나지 않게 누그러뜨릴 방법을 써야 할 정도였지.

간혹 그가 하나님의 임재에서 제법 멀어질 때면 그 즉시 하나님은 그를 다시 불러서 그의 영혼이 하나님의 존재를 느끼게 만드시네. 이는 그가 세상일에 몰두할 때 자주 있는 일이지. 그는 이렇게 내적으로 잡아당기는 힘에 대해 빈틈없이 충실하게 응답한다네. 하나님을 향한 마음을 북돋워 높이거나 유순하고 다정한 눈으로 하나님을 바라보는 모습을 통해서, 또는 이런 상황에서 하는 사랑의 말, 가령 "나의 하나님, 당신께 전심으로 헌신하는 제가 여기 있나이다. 주님, 당신의 뜻에 따라 제 형상을 만드소서" 같은 고백을 통해서 부르심에 응답하지.

그러면 이런 고백을 흡족히 받으신 사랑의 하나님은 그의 영혼 저 깊은 중심에 다시 자리를 잡으시고 평안히 쉬신다네. 이런 경험으로 그는 하나님이 언제나 자기 영혼의 가장 내밀한 곳에 함께 계신다는 확신을 얻네. 어떤 이유에서든 그 확실한 믿음에 의심이 끼어들 수가 없게 되지.

이를 보면 그가 늘 자기 안에서 대단히 귀중한 보물을 찾는 동안 얼마나 큰 자족함을 누릴 지 미루어 짐작할 수 있을 것일세. 그는 이제 더 이상 애타게 보물을 찾아 헤매지 않는다네. 그 대신 자기 앞에 그 보물을 펼쳐놓고 원하는 건 언제든 취할 수 있게 되었지. 그는 우리가 얼마나 맹목적인지 한탄하면서 자족하지 못하는 우리 스스로가 연민의 대상이 되는 것이 마땅하다며 자주 울부짖네.

"하나님은 우리에게 내려주실 무한한 보배를 갖고 계십니다. 우리는 그저 잠시 잠깐이라도 마음을 다해 헌신만 하면 됩니다. 눈이 어두워 아무것도 분간하지 못하는 우리가 하나님의 걸림돌이 되고 은혜의 물살을 막아버립니다. 하지만 하나님은 생기 넘치고 믿음이 살아 숨 쉬는 영혼을 보실 때, 그 안에 은혜와 자비를 흘러넘치게 부어주십니다. 급류처럼 쏟아지는 그 은총은 평소 같은 마음 길을 따라 흐르기에는 그 흐름이 너무나 세차서 감당이 안 될 정도입니다. 그러다 물길을 찾는 순간 폭발하듯 힘차게 퍼져나가 흘러넘치게 됩니다."

그렇다네. 우리는 세찬 급류 같은 그 은혜를 별로 귀중하게 여기지 않아 은총의 물길을 막아버리기 일쑤지. 하지만 더 이상은 그렇게 하지 않았으면 하네.

우리 자신에게로 풍덩 뛰어들어 은혜가 흐르는 길을 막고 있는 둑을 무너뜨려야 하네. 은혜가 힘차게 흐르도록 길을 만들어주세. 그간 잃어버린 시간을 만회해야지. 어쩌면 우리에게 남은 시간이 그리 많지 않을지도 모르니까. 죽음이 우리를 바짝 뒤쫓고 있네. 죽음에 대해 만반의 준비를 하세. 어차피 죽음이야 한 번 있을 일이지만 잘못은 돌이킬 수 없지 않나.

다시 한번 말하지만 우리 마음속으로 들어가 물길을 살펴보세. 시간이 쏜살같이 흐르고 있어 지체할 여유가 없네. 우리 영혼이 위태로운 상태일세.

내가 지금 말하는 방법을 자네도 잘 알고 나름대로 대책을 강구했을 테니 내 얘기가 그리 새롭지 않을 것일세. 그런 면에서 나는 자네한테 찬사를 보내네. 유익한 방법을 찾아 행하는 건 꼭 필요한 일이니까.

머물러 있지 않고 항상 마음을 살피며 은혜가 흐르는 길을 트는 데 매진해야 하네. 영적인 삶에서 전진하지 않으면 곧 퇴보하기 때문이지. 휘몰아치는 성령의 바람을 마음에 품은 이들은 잠자는 중에도 한 걸음 두 걸음 앞으로 나아간다네. 우리 영혼의 배가 강풍과 폭풍우에 여전히 위태롭게 흔들린다면 얼른 주님을 깨워야 하네. 폭풍 가운데서도 평안히 계시던 주님이 순식간에 바다를 잠재우실 것일세.

자네가 생각하는 바와 견주어보았으면 하는 마음에 내 안에 있는 좋은 생각을 스스럼없이 전하네. 혹시나 불행하게도(부디 그런 일이 없기를 바랄 뿐이야. 그야말로 커다란 불행일 테니까.) 자네 마음속 좋은 생각들이 아주 조금이나마 식어 있다면 내가 전한 이런 얘기가 마음의 불씨에 불을 붙이고 다시금 활활 타오르게 하는 데 도움이 될 것일세. 그런 다음 우리 두 사람 모두 뜨거웠던 첫사랑을 회복하세.

앞서 말한 그 형제가 보여준 본보기와 순도 높은 마음을 통해 우리에게 유익이 되는 길을 찾았으면 하네. 세상 사람들은 그를 거의 알지 못하지만 하나님은 그를 잘 아시고 끔찍이 아끼며 보듬으신다네. 자네를 위해 기도하겠네. 나를 위해서도 늘 기도해주게.

주님 안에서 형제 된 자로부터

다섯 번째 편지

오늘 나에게 책 두 권과 편지 한 통이 왔네. 수녀 서원을 준비 중인 한 자매가 보냈다네. 그 자매는 서원 때문에 수도회 사람들에게 기도를 요청했네. 특히 자네에게 기도해주십사 부탁하더군. 그 자매가 기도에 얼마나 의지하는지 잘 알 것 같으니 자매가 낙심하지 않도록 함께 기도해주었으면 하네. 하나님의 사랑만을 바라보며 하나님께 전적으로 헌신하겠다는 굳건한 결단을 통해 자신을 번제물로 드릴 수 있도록 자매를 위해 하나님께 간구하도록 하세.

오늘 받은 책 중에 한 권을 자네에게 보내주겠네. 하나님의 임재를 다룬 책인데 내가 보기에는 이 주제야말로 영적인 생활 전반을 아우른다고 생각하네. 하나님의 임재를 올바르게 연습하는 사람은 누구나 금세 영적인 힘을 충전하게 될걸세.

하나님의 임재 연습을 올바로 수행하려면 마음속을 비워야 하네. 아무것도 없어야 하지. 하나님은 오직 마음만을 취하시기 때문이야. 마음속에 있는 다른 모든 것을 비우지 않고서는 하나님이 그 마음을 소유하실 수 없으니까 그 안에서 역사하실 수도 없고, 당신이 원하시는 일을 우리 마음속에서 행하실 수도 없다네.

하나님과 끊임없이 교제하는 나날만큼 달콤하고 즐거운 삶은 이 세상에 없다네. 그런 삶을 연습하고 체험하는 사람만이 이 말을 이해할 수 있지. 하지만 나는 이런 동기로 하나님과 교제하는 훈련을 하라고 권하지는 않네. 이런 훈련에서 우리가 추구하는 바는 단순히 즐거움이 아닐세. 하나님이 우리를 소유하실 테니까 사랑의 본질을 바탕으로 훈련을 해나가길 바라네.

만약에 내가 설교자라면 다른 모든 것은 접어두고 하나님의 임재 연습에 관해서만 말씀을 전할걸세. 그리고 만약 사람들을 이끄는 지도자라면 전 세계인들이 하나님의 임재 연습을 하도록 권고할걸세. 이는 우리에게 절실히 필요한 훈련이면서 아주 쉬운 연습이기 때문이지.

그렇다네. 우리에게 하나님의 은혜와 도우심이 필요하다는 사실을 안다면 우리는 하나님을 한시도 시야에서 놓칠 수 없을걸세. 단 한순간도 안 되지. 내 말을 믿어주게. 두 번 다시는 의도적으로 하나님을 잊지 않겠노라, 하나님이 옳다고 판단하신다면 우리가 하나님을 사랑하기 위해 다른 모든 위로를 빼앗길지라도 하나님의 거룩한 임재 안에서 남은 생을 보내겠노라 하며 곧바로 경건하게 굳은 다짐을 해야 하네.

진심을 다해 이 훈련을 시작하도록 하게. 그리고 해야 할 바를 다한다면 머잖아 결실을 얻게 되리란 확신을 갖기 바라네. 부족하지만 내가 기도로 도와주겠네. 자네와 수도회 형제들도 나를 위해 기도해주게. 진심으로 형제들에게 나를 맡기겠네.

형제들의 벗, 특히 자네의 신실한 벗으로부터

여섯 번째 편지

  자네가 전해준 것들을 _____ 자매를 통해서 잘 받았네. 그나저나 내가 보내준 소책자를 분명히 받았을 텐데, 자네가 그 책에 대해 어떻게 생각하는지 언급한 바가 없어 의아해하고 있다네. 자네 나이가 지긋하긴 해도 진심을 다해 하나님의 임재 연습을 시작할 수 있도록 함께 기도했으면 하네. 아예안 하는 것보다는 늦더라도 시작하는 게 좋지 않겠나.

  신앙을 가진 사람들이 어떻게 하나님의 임재 연습 없이도 자족하며 살 수 있는지 나로선 짐작조차 할 수 없네. 나는 가능한 한 많은 시간을 하나님과 함께 내 영혼의 내밀한 곳으로 물러나 있네. 거기서 하나님과 함께 있는 동안 나는 아무것도 두렵지 않지. 그렇지만 하나님에게서 조금이라도 벗어나는 건 참으로 견딜 수 없는 일이야. 이런 훈련을 한다고 몸이 기진맥진하고 고단해지진 않는다네. 그렇지만 이 훈련을 하다 보면 당연히 즐거움을 잃게 되지. 해롭지도 않고 법을 거스르지도 않는 이런저런 즐거움을 이따금, 아니 자주 빼앗기기 마련이야. 하나님은 그분께 전적으로 헌신하기를 바라는 심령이 하나님과의 교제 외에 다른 즐거움을 취하는 것을 허락하지 않으시기 때문이네. 충분히 합당한 이야기가 아닌가.

그렇다고 우리 자신을 강력한 통제하에 가두어두어야 한다는 말은 아닐세. 우리는 거룩한 자유 안에서 하나님을 섬겨야 하네. 괴로워하거나 불안해하지 않는 상태에서 성실하게 우리가 맡은 일을 해나가는 거지.

우리 심령이 하나님을 떠나 방황하는 것을 감지할 때마다 조용하고 평안하게 우리 마음을 하나님께로 돌려놓아야 하네. 하나님을 온전히 신뢰하며 다른 모든 염려는 한쪽으로 제쳐놓을 필요가 있지. 그 자체로는 더할 나위 없이 좋으나 종종 생각 없이 행해지는 헌신이라면 그조차도 옆으로 밀어두어야 하네.

이런 경건의 모습은 그저 목적에 이르는 수단일 뿐이야. 그렇기 때문에 우리가 하나님의 임재 연습을 통해 우리의 목적 되시는 하나님과 함께할 때라면 더 이상은 수단으로 돌아갈 필요가 없지. 우리는 지속적으로 하나님과 사랑의 교제를 나누며 그분의 거룩한 임재 안에 꾸준히 머물 수 있네. 때로는 찬양과 경배와 소망으로, 때로는 자복하는 마음이나 감사로 하나님의 임재를 이어가겠지. 그리고 우리 영혼이 찾아낼 수 있는 방법들이 항상 중요한 도구가 될 것일세.

이런 경건의 연습을 경멸하는 소리를 직접 듣게 되더라도 낙심하지 말게. 스스로에게 엄격해져야 하네. 처음에는 이 훈련이 시간 낭비로 여겨질 때가 종종 있을 테지만 어떤 어려움이 닥치더라도 죽을 때까지 꾸준히 하나님의 임재 연습을 해나가리라 결심하고 계속 밀어붙여야 하네.

수도회 형제들, 그리고 특히 자네의 기도에 나를 위탁하네.

주님 안에서 형제 된 자로부터

일곱 번째 편지

친애하는 자매님께.

참으로 애석하군요. 여러 일에 대한 걱정은 ＿＿＿＿＿＿ 에게 맡기고 자매님의 여생을 오직 하나님을 예배하는 데만 쓰신다면 그만큼 유익한 일도 없을 것입니다. 하나님은 우리에게 대단한 것을 요구하지 않으십니다.

그저 문득문득 잠깐씩 하나님을 기억하고 기도하는 것, 때때로 하나님의 은혜를 간구하고 마음의 고통을 털어놓는 것, 지금까지 하나님이 자매님에게 내려주신 은혜와 곤경에 처할 때도 여전히 부어주신 은총에 이따금 감사드리는 것, 그리고 가능한 한 자주 하나님과 더불어 위안을 찾는 것이면 족합니다.

하나님을 바라보며 기운을 내십시오. 식사 중에도, 친구와 함께 있을 때도 하나님을 향해 마음을 열어두십시오. 잠시 잠깐 하나님을 기억하는 마음도 하나님은 늘 흠향하실 것입니다. 큰 소리로 울부짖을 필요는 없습니다. 그분은 우리가 의식하는 것보다 더욱 가까이에 계십니다.

하나님과 동행하기 위해 항상 교회에 있을 필요도 없습니다. 우리 마음속에 작은 예배당을 만들어 틈날 때마다 그곳에서 하나님과 대화를 나누면 됩니다. 그 영혼의 처소에서 온유하고 겸손하고 사랑 가득한 마음으로 하나님과 교제하는 것입니다. 모든 이들이 하나님과 그런 친밀한 교제를 나눌 수 있습니다. 누군가는 좀 더 다정하고, 또 누군가는 좀 데면데면할 수는 있지만 누구나 하나님과 대화를 나누겠지요. 하나님은 우리 각자의 크기를 잘 아십니다. 그러니 일단 시작부터 합시다.

어쩌면 하나님은 우리가 너른 마음으로 결단하기만을 기다리고 계실지 모릅니다. 담대해지세요. 우리에겐 시간이 얼마 없습니다. 자매님은 벌써 예순넷이고, 저는 거의 팔순이 다 되었습니다. 우리 함께 하나님과 더불어 살다가 눈감았으면 합니다. 하나님과 함께라면 우리에겐 고난조차 달콤한 기쁨일 테고, 그분 없이는 세상 그 어떤 즐거움도 우리에겐 더없이 잔인한 형벌일 것입니다. 일하는 중에도 짬짬이, 할 수만 있다면 매 순간 하나님께 예배하고 은혜를 구하고 자매님의 마음을 하나님께 바치는 일에 조금씩 익숙해지십시오. 항상 특정한 규율이나 까다로운 경건의 틀에 맞춰 주도면밀하게 스스로를 가두지는 마십시오. 대신에 하나님에 대한 전적인 확신을 품고 사랑과 겸손으로 행동하세요.

보잘것없지만 분명 제가 기도로 응원하고 있다는 것을 잊지 마세요. 제가 기도의 종이라는 것도 기억해 주시고요.

주님 안에서 자매님의 벗으로부터

여덟 번째 편지

(기도 중에 마음이 산만해지는 것에 관하여)

자네 이야길 들어보니 별로 새로울 것도 없네. 이리저리 떠도는 생각 때문에 괴로워하는 사람이 어디 자네 하나뿐이겠는가. 우리 마음이야 워낙 정처 없이 방랑하는 게 일이잖나. 하지만 의지는 우리 모든 능력을 다스리는 안주인인 터라 그 의지가 우리 능력을 불러 모아 최종 목적지인 하나님께로 데려가야 한다네.

우리가 처음에 경건 훈련을 할 때 묵상을 통해 충분히 통제하지 못한 탓에 마음이란 녀석이 방황하며 이리저리 흩어지는 나쁜 버릇이 들어버렸지. 그 나쁜 습관은 고치기도 힘들고 툭하면 우리 의지와는 상관없이 우리를 세상적인 것들이 있는 곳으로 끌고 간다네.

이에 대한 한 가지 해결책은 하나님 앞에 우리 잘못을 고하고 겸손하게 스스로를 낮추는 것이지.

기도할 때 중언부언하지 않기를 바라네. 장황하게 말을 많이 하다 보면 길을 잃기 십상이지. 하나님 앞에 기도할 때는 마치 부잣집 대문 곁에서 동냥하는 말 못하는 걸인이나 중풍병 걸린 거지처럼 잠자코 있게나. 자네가 할 일은 주님의 임재 안에 마음을 다잡고 있는 것일세.

혹여 가끔씩 마음이 제멋대로 방황하고 하나님으로부터 떨어져 나온다 해도 그것 때문에 너무 불안해하지 말게. 걱정 근심과 불안감은 마음을 다잡기보다는 흩뜨리는 데 일조할 뿐이지. 의지는 고요한 가운데 다시 마음을 데려오는 법이네. 자네가 이런 식으로 인내하며 노력한다면 하나님이 자네를 긍휼히 여기실 것일세.

기도 시간에 쉽게 마음을 다잡고 평온한 가운데 지켜내는 한 가지 방법은 평소에도 마음이 너무 멀리까지 헤매고 다니지 않게 하는 것일세. 하나님의 임재 안에 마음을 단단히 붙잡아둬야 하네. 그리고 틈날 때마다 하나님을 생각하는 데 익숙해지면 기도 시간에 마음을 차분하게 유지하기가 쉬워 질걸세. 아니면 적어도 이리저리 헤매던 생각을 다시 불러 모으기가 수월해질 게야.

하나님의 임재 연습을 통해 우리가 얻는 유익에 관해서는 앞서 보낸 편지들에서 이미 충분히 얘기한 바 있지. 진지한 마음으로 이 연습을 시작해보세. 그리고 서로를 위해 기도하길 바라네.

자네의 벗으로부터

아홉 번째 편지

일전에 ＿＿＿＿＿ 자매한테 받은 편지에 답장을 써서 동봉하니 그 자매에게 전해주길 바라네. 자매의 심중에 선한 의도가 충만해 보이긴 하네만, 은혜보다 앞질러 가고 싶어 하는 사람 같더군. 모름지기 사람은 하루아침에 거룩해지는 존재가 아니잖은가. 자네한테 그 자매를 맡기네. 우리가 서로에게 조언을 해주며 돕는 게 마땅하나 거기서 더 나아가 서로에게 좋은 본보기가 되어야겠지. 이따금 그 자매의 소식을 알려주면 고맙겠네. 아주 열심을 내며 순종하는 자세로 지내는지 알려주었으면 해.

이 세상에 사는 동안 우리가 할 일은 오직 하나님을 기쁘시게 하는 것이며 그 밖에 다른 모든 것은 다만 어리석고 헛된

짓에 불과하다는 사실을 늘 염두에 두고 지내세. 자네와 내가 수도생활을 한 지 어언 40년이 되었구만. 우리가 그 수십 년이라는 시간을 하나님을 사랑하고 섬기는 데 썼는지 돌아볼 일이네. 바로 그 목적을 위해 하나님이 자비하심으로 우리를 이곳으로 불러주셨는데 말일세.

한편으로는 하나님이 내게 베푸셨고 지금도 계속해서 부어주시는 크나큰 은혜를 돌이켜보고, 다른 한편으로는 내가 그 은혜를 올바로 쓰지 못하고 온전함으로 나아가는 길에 변변찮은 성과를 보였다고 반성하는 순간 나는 차마 고개를 들 수 없을 만큼 창피하고 몹시 혼란스러워진다네.

하나님이 아직 우리에게 조금이나마 시간을 허락하는 자비를 베푸셨으니 지금부터라도 진심을 다해 하루하루를 살아야 하지 않겠나. 잃어버린 시간을 만회해보세. 더없는 확신을 품고 하나님께 돌아가야지, 언제나 우리를 다정하게 맞아주실 준비가 된 자비로우신 아버지께로 말일세.

하나님을 사랑하기 위해 그분 외에 다른 모든 것은 포기해버리세. 아낌없이 다 버려야 하네. 하나님은 그보다 훨씬 더 큰 대접을 받아 마땅한 분이시지. 끊임없이 하나님을 생각하고 한 치의 흔들림 없이 그분을 신뢰하게. 하나님의 풍성한 은혜를 받으면 머잖아 그 결과를 알게 될 것을 전혀 의심치 않네. 하나님의 은혜가 있으면 우리는 모든 것을 할 수 있고 그 은혜 없이는 죄만 지을 뿐 아무것도 할 수 없지.

실제적으로 끊임없는 하나님의 도움이 없다면 사는 동안 여기저기서 덤벼드는 위험을 피할 수가 없네. 계속해서 그 도우심의 손길을 놓지 말아달라고 하나님께 간절히 구해야 해. 그런데 하나님과 함께하지 않으면서 어떻게 그분께 기도할 수 있겠나? 하나님을 시시때때로 생각하지 않고서 어떻게 하나님과 함께할 수 있겠나? 거룩한 습관을 들이지 않고 어찌 하나님을 자주 생각할 수 있겠나? 아마 자네는 내가 항상 똑같은 얘기만 한다고 말하겠지. 맞는 말일세. 이것이야말로 내가 아는 가장 쉬운 최선의 방법이니까 더욱 그렇다네. 더군다나 나는 다른 방법을 쓰지 않으니 세상 사람들에게 이 쉬운 길을 택하라고 권면하는 게 당연하지.

사랑하기에 앞서 먼저 그 대상을 잘 알 필요가 있네. 하나님을 잘 알기 위해서는 그분 생각을 더 자주 해야 한다네. 그리고 우리가 그분을 사랑하게 된다면 그때부터 그분 생각을 많이 하게 될걸세. 보물이 있는 곳에 마음이 함께 있는 법이니까. 자네가 깊이 곱씹어볼 만한 이야기일 거야.

주님 안에 있는 벗으로부터

열 번째 편지

친애하는 부인께.

_____ 씨에게 편지를 쓰기로 결심하기까지 제 나름대로 마음고생이 심했습니다만, 순전히 부인과 _____ 부인이 간절히 바라신다는 이유로 지금 이렇게 편지를 쓰고 있습니다. 수취인 주소와 이름을 잘 적어서 그에게 보내주십시오. 하나님을 믿고 의지하는 부인을 보니 기쁘기 그지없습니다. 하나님이 부인의 믿음을 나날이 성장시켜주시길 간구합니다. 지극히 선하고 신실한 친구이신 하나님에 대한 신뢰는 아무리 키우고 또 키워도 지나치지 않습니다. 우리의 친구 되시는 하나님은 이 세상에서도, 다음 세상에서도 절대 우리를 저버리지 않으시겠지요.

_____ 씨가 친구의 죽음을 계기로 하나님을 전적으로 신뢰하게 된다면 하나님은 머잖아 그에게 다른 친구를 보내실 것입니다. 보다 강인하고 더 도움이 되는 친구를 예비하시겠지요. 하나님은 자신이 원하시는 대로 마음을 움직이시는 분 아닙니까.

아마도 _____ 씨는 이번에 떠나보낸 친구에게 과하게 애정을 쏟았나 봅니다. 물론 우리는 친구를 사랑해야 하지만 마땅히 하나님께 드려야 할 사랑을 침해해선 안 되겠지요. 무엇보다도 하나님 사랑이 가장 중요하니까요.

제가 부인께 권면한 말씀을 부디 기억해 주십시오. 밤이든 낮이든 항상, 그리고 일하는 중이나 잠깐 머리를 식힐 때도 자주 하나님을 생각해야 합니다. 하나님은 언제나 부인 곁에 함께 계십니다. 그러니 부인께서도 하나님을 홀로 두지 마십시오. 부인을 찾아온 친구를 혼자 내버려두는 것은 참 무례한 일이라고 생각하실 것입니다. 그런데 하나님은 방치되어도 되는 걸까요?

하나님을 잊지 마십시오. 할 수 있는 한 자주 하나님을 생각하고 끊임없이 사모하는 마음을 전하고, 사나 죽으나 하나님과 함께해야 합니다. 이것이 곧 그리스도인의 영예로운 임무입니다. 요컨대 이것이 바로 우리의 신앙고백인 셈이지요. 우리의 임무이자 신앙고백을 모른다면 이제라도 반드시 배워야 합니다. 앞으로 기도로써 부인을 열심히 돕겠습니다.

우리 주님 안에서 벗된 자 드림.

열한 번째 편지

나는 자네가 고통에서 벗어나게 해달라고 기도하지 않네. 대신 하나님이 그분의 뜻대로 자네가 고통을 견뎌내도록 자네에게 힘과 인내를 허락하시길 진심으로 간구하고 있다네. 자네를 십자가에 단단히 붙들어두신 하나님으로부터 위로를 얻었으면 하네. 그분은 때가 됐다고 판단하시면 자네를 풀어주실 걸세.

하나님과 함께 고난받는 이들은 복이 있나니, 그런 마음가짐으로 고통에 익숙해지게. 그리고 하나님이 자네에게 필요하다고 판단하시는 한 아무리 큰 고통이라도 감내할 수 있는 힘을 달라고 하나님께 간구하게. 세상 사람들은 이런 진리를 이해하지 못하네. 놀랄 일도 아니지. 그들은 그리스도인들과는 달리 자기 본모습에 부합해 고통을 받아들이기 때문이야. 그네들은 질병을 하나님이 주신 은총이 아니라 자연스레 생긴 고통이라 여기지. 단지 그런 관점으로 질병을 보기 때문에 그 안에서 슬픔과 고통 외에는 아무것도 찾아내지 못하는 것일세. 하지만 질병이 하나님의 손에서 비롯된 것일 뿐 아니라 그분의 자비하심에서 나온 결과이며 하나님이 사용하는 구원의 수단이라고 여기는 이들은 질병으로 말미암아 오히려 감미로움을 느끼고 위로를 얻는다네. 하나님은 우리가 건강할 때보다 병중에 있을 때 우리와 더 가까이 계실 뿐 아니라 보다 실제적으로 우리 곁에 임재하신다는 사실을 굳게 믿으시게. 여느 의사에게 의지하지 말게나. 내가 이해하는 바로는 하나님이 직접 자네를 치료하기로 예정하셨다네. 그러니 하나님께 완전히 믿고 맡기게. 그러면 치유를 얻는 믿음의 효능을 곧 알게 될 것일세. 우리는 종종 하나님보다 의술에 더 많이 의지하는 바람에 치료를 더디게 하지 않는가.

자네가 쓰는 치료제가 무엇이든 간에 오직 하나님이 허락하시는 만큼만 효력을 발휘할 것일세. 하나님이 주시는 고통은 오로지 하나님만이 치유하실 수 있지. 하나님은 영혼의 병을 치유하실 목적으로 육신의 질병을 주시는 경우가 많다네. 영과 육을 모두 고치시는 치료자이자 주권자이신 하나님께 위로를 얻길 바라네.

하나님이 자네에게 허락하신 상황에 만족하게. 자네는 내가 참 행복해 보인다고 생각할지 모르나 오히려 나는 자네가 부럽다네. 하나님과 함께 겪는 것이라면 고통도 괴로움도 내게는 천국이나 다름없지. 그리고 하나님 없이 즐거움을 누린다면 세상에서 제일 큰 즐거움도 내게는 지옥과 같다네. 내게 있어 완전한 위로는 하나님을 위해 고통을 겪는 것 그 자체라네.

머잖아 나는 하나님께 가야겠지. 나는 지금 믿음으로 하나님을 바라보기 때문에 이 땅에서 위로를 받는다네. "나는 더 이상 믿지 않습니다. 그저 바라볼 뿐입니다." 나도 모르게 가끔 이렇게 말하곤 한다네. 나는 이런 식으로 하나님을 본단 말일세. 그리고 믿음이 우리에게 무엇을 가르쳐주는지도 느끼지. 그런 확신과 믿음의 훈련 안에서 나는 하나님과 함께 살고, 하나님과 함께 죽을 것일세.

그러니 사나 죽으나 항상 하나님과 함께해야 하네. 그것이야말로 자네가 고통 중에 얻을 수 있는 유일한 도움과 위로가 될걸세. 하나님께서 자네와 함께하길 간구하겠네. 그게 내가 자네를 돕는 길이겠지.

자네의 벗으로부터

열두 번째 편지

우리가 하나님의 임재 연습에 완전히 익숙해지면 그로 인해 모든 육신의 질병은 한층 가벼워질 걸세. 하나님은 우리 영혼을 정화하고 우리가 그분과 계속 함께하도록 약간의 고통을 허락하시곤 하지.

용기를 내게. 자네의 고통을 끊임없이 하나님께 아뢰게. 고통을 감내할 힘을 달라고 간절히 구하게. 무엇보다도 자주 하나님과 동행하며 즐거움을 찾는 습관을 들이고, 하나님을 잊지 않도록 최대한 노력하도록 하게. 병약한 가운데 하나님을 경배하고, 시시때때로 자신을 하나님께 바쳐야 하네. 말할 수 없는 극도의 고통이 찾아왔을 때는 하나님의 거룩한 뜻에 순종하는 자가 되게 해달라고 하나님께 간구하게. 마치 아버지를 대하는 아이처럼 다정하고 겸손하게 도와달라 말하는 게 좋겠지. 나도 부족하나마 기도로 열심히 자넬 돕도록 하겠네.

하나님은 수많은 방법으로 우리를 당신에게로 이끄시지. 이 따금 하나님이 모습을 숨기실 때도 있네. 그러나 어려움에 처 할 때도 하나님은 우리를 저버리지 않으신다는 믿음만이 우 리의 확신을 지탱하는 든든한 토대가 되어야 하네. 하나님에 대한 전적인 확신이 있어야 하지.

하나님이 나를 어떻게 쓰실지 나도 모르겠네. 나야 늘 행복 한 사람 아닌가. 온 세상 사람들 중 가장 혹독한 고행을 겪어 마땅한 나인데도, 어찌된 일인지 너무나 큰 기쁨을 끊임없이 누리고 있어 미처 그 기쁨을 억누를 수 없는 지경이네.

자네의 고통을 내가 덜어가도 되겠냐고 기꺼이 하나님께 간 청할 수도 있네. 물론 나는 내가 얼마나 나약한 인간인지 잘 알아. 말도 못하게 약해빠져서 혹시나 하나님이 한순간이라 도 나를 떠나신다면 나는 세상에서 가장 가련한 존재가 되고 말겠지.

하지만 하나님이 과연 나를 홀로 내버려두실까? 나는 믿음 이 내게 준 강한 확신이 있네. 우리가 먼저 하나님을 버리기 전까지 하나님은 절대 우리를 저버릴 분이 아니라는 확신이 지. 그러니 우리는 우리가 먼저 하나님을 떠나게 될까 두려워

해야 하네. 늘 하나님과 함께 있도록 하세. 사나 죽으나 하나님의 임재 안에 있어야 하지 않겠나. 내가 자네를 위해 기도하듯 자네도 날 위해 기도해주게나.

자네의 벗으로부터

열세 번째 편지

자네가 그리 오랫동안 고통을 겪고 있는 걸 보니 나도 정말 마음이 아프네. 하지만 그 고통이 사실은 자네를 향한 하나님의 사랑을 보여주는 증거이기 때문에 나로서는 자네의 고통을 지켜보며 느끼는 아픔도 얼마간 가라앉히고 달랠 수 있다네. 고통이 곧 하나님의 사랑의 징표라는 관점으로 자네가 겪는 고통을 바라보게. 그러면 훨씬 수월하게 그 고통을 감내할 수 있을 것일세. 자네 상황이 그러하니 사람들이 쓰는 치료책을 끊고 하나님의 섭리에 자네를 완전히 맡겨야 한다는 생각이 드는군. 아마도 하나님은 자네를 고쳐주시기 위해 자네가 당신께 모든 것을 위탁하고 전적으로 의지하기만을 기다리실 거야.

자네가 아무리 신경을 썼음에도 불구하고 지금까지 의술이 별로 신통치 않은 결과를 낸 데다 오히려 자네 병세가 더 악화되지 않았나. 그러니 하나님 손에 전부 맡기고 온전히 그분의 처분만 기다린다고 해서 하나님을 시험하는 건 아닐 것일세.

지난번 편지에서 말했다시피 이따금 하나님은 영혼의 병을 고치기 위해 육신의 질병을 허락하신다네. 용기를 내고 부득이하게 일어난 일을 자네에게 도움이 되는 쪽으로 받아들이도록 하게. 고통에서 얼른 구해달라고 하나님께 간구하기보다는 하나님 사랑을 위해서 그분이 원하는 모든 것을 의연하게 견뎌낼 수 있는 힘을 달라고 기도하게.

물론 육신을 입은 사람으로선 그런 기도를 하기가 쉽지 않겠지만, 그러나 그것은 하나님이 가장 흡족해하시는 기도이자 그분을 사랑하는 이들에겐 더없이 달콤한 간구가 된다네.

사랑은 고통을 가라앉혀주지. 하나님을 사랑하는 자라면 그분을 위해서 기쁘고 담대하게 고통을 감수하는 법이라네. 자네도 그리하게. 만병을 고치시는 유일한 치료자이신 하나님께 위안을 얻길 간절히 바라네. 모든 고통받는 자들의 아버지이신 하나님은 언제든 우리를 도울 준비가 되신 분일세. 우리가 미처 가늠할 수 없는 무한한 사랑을 우리에게 부어주시는 분이시지.

하나님을 사랑하게. 그리고 다른 곳에서 위로를 구하지 말
게. 머잖아 자네가 그분의 위로를 얻길 바라네. 잘 지내게. 부
족하나마 기도로 힘껏 돕겠네.

언제나 우리 주님과 함께하길 바라는 자네의 벗으로부터

열네 번째 편지

자네의 바람대로 몸이 좀 나아져서 하나님께 참으로 감사드리네. 나 역시 숱하게 죽음의 고비를 넘나들었지만 그런 때에 오히려 어디에도 견줄 수 없는 만족감을 느꼈지. 그런 까닭에 나는 고통에서 구해달라고 기도하는 대신 담대함과 겸손함과 사랑의 힘으로 고통을 이겨낼 강인함을 달라고 간구했다네. 아, 하나님과 함께 고통을 받는다니 이 얼마나 달콤한 일인가! 그 고통이 아무리 클지라도 사랑하는 마음으로 기꺼이 받아들이도록 하게. 고통을 받더라도 하나님과 함께 동행하는 자체가 천국 아니겠는가.

이 세상에서 천국의 화평을 누리고 싶다면 하나님과 친밀하고 소박하고 다정한 대화를 나누는 데 익숙해져야 하네. 어떤

경우에도 우리 영이 하나님께로부터 벗어나 방황하게 놔둬서
는 안 되겠지. 쉴 새 없이 하나님을 경배하는 성전을 우리 심령
에 마련해 두고, 하나님이 기뻐하시지 않을 일은 그 어떤 것도
행하지도, 말하지도, 생각하지도 않기 위해 끊임없이 스스로를
단속해야 하네. 우리 마음이 하나님을 위해 헌신할 때 고통은
하나님의 기름 부으심과 위로로 가득 채워질 것일세.

이런 상태에 이르기 위해 첫걸음을 떼기가 아주 어렵다는
건 나도 아네. 순전히 믿음에 의지해 행동해야 하기 때문이지.
허나 그게 아무리 어렵다 한들 은혜의 하나님과 함께라면 능
히 모든 것을 할 수 있다는 것 또한 알고 있네. 하나님은 마음
을 다해 간청하는 자들을 절대 내치는 법이 없으신 분 아닌가.

두드리게. 인내심을 갖고 꾸준히 두드리고 또 두드리게. 장
담컨대 하나님은 때가 차면 자네에게 문을 활짝 열어주시고,
오랫동안 미루어두셨던 것들을 한꺼번에 부어주실 걸세. 잘
지내시게. 내가 자네를 위해 하나님께 아뢰듯 자네도 나를 위
해 기도해주게. 하루라도 빨리 하나님을 뵙길 소망하네.

자네의 벗으로부터

열다섯 번째 편지

하나님은 우리에게 필요한 바가 무엇인지 가장 잘 아시고, 모든 일을 우리의 유익을 위해 행하신다네. 그분이 우리를 얼마나 사랑하시는지 안다면 하나님이 건네신 것이 달든 쓰든 언제나 똑같은 마음으로 무심히 받아들일 준비가 돼 있을걸세. 하나님으로부터 비롯된 모든 것이 기쁨 아니겠는가.

차마 견디기 힘든 극심한 고통도 우리가 그릇된 시각으로 보지만 않는다면 결코 감당하기 힘든 것으로 여겨지진 않을걸세. 그런 고통을 하나님이 베푸신 것으로 본다면 우리의 고난은 더 이상 쓰라린 아픔이 아니라 도리어 위로가 될 거야. 우리를 낮추시고 곤궁에 처하게 하시는 분이 바로 사랑의 하나님이라는 사실을 알았을 때 말일세.

오직 우리가 할 일은 하나님을 아는 것뿐이지. 하나님을 더 많이 알아갈수록 그분을 알고픈 마음이 점점 더 간절해지기 마련이네. 흔히 어떤 대상을 안다는 건 그 대상에 대한 사랑을 가늠하는 척도이기 때문에, 보다 깊고 보다 폭넓게 알수록 사랑 또한 점점 더 커지지 않겠나. 하나님에 대한 우리의 사랑이 크다면 고통을 겪을 때든 기쁨을 누릴 때든 똑같이 하나님을 사랑할 수 있을걸세.

예나 지금이나 하나님이 우리에게 베푸시는 은혜는 한없이 클 텐데 단순히 감지할 수 있는 은혜의 크기만큼만 하나님을 사랑하는 데 만족해서는 안 되네. 그 은혜가 아무리 클지라도 온전한 믿음에 비할 수는 없다네. 은혜의 분량이 크다 한들 믿음이 한 번의 행위 속에 드러나 우리를 하나님 곁으로 데려갈 수는 없겠지.

순간순간 오직 믿음으로 하나님을 찾는 우리가 되었으면 하네. 하나님은 바로 우리 안에 계시니 다른 곳에서 찾지 말게. 우리가 하나님을 사랑하기만 하면 도리를 다하는 것이라고 생각하나? 하나님을 기쁘시게 하지도 않고 심지어 그분의 뜻에 거스르는 하찮은 일을 하느라 분주하다면 책망받아 마땅하지 않겠는가? 보잘것없는 일들로 우리가 큰 대가를 치르게 될까 두려울 뿐이네.

이제 우리 진정으로 하나님께 헌신하기로 하세. 다른 모든 것은 우리 마음 밖으로 쫓아내버리도록 하세. 오직 하나님만이 우리 마음의 주인이 되어야 하네. 이러한 은혜를 달라고 하나님께 간구해야 하네. 우리가 각자의 본분대로 최선을 다한다면 우리가 그토록 열망하는 변화가 우리 안에 일어나는 모습을 보게 될걸세.

하나님이 자네에게 은혜를 베푸사 자네가 고통을 덜었다니 그분께 아무리 감사드려도 모자랄 지경이네. 바라건대 하나님이 내게 자비를 베푸셔서 수일 내로 그분을 뵙는 은혜를 허락하셨으면 좋겠네.* 우리 서로를 위해 기도하기로 하세.

우리 주님 안에서 자네 벗으로부터

---

* 로렌스 형제는 이 편지를 쓰고 이틀 후 병으로 앓아눕게 되어 채 일주일을 못 넘기고 세상을 떠났다.

조언

영적인 삶에 대한 태도

1. 우리는 행하고 말하고 시작하는 모든 일에서 하나님과 그분의 영광을 중심에 두고자 힘써야 합니다. 이것이 곧 우리가 앞에 내어놓아야 할 목표입니다. 이 세상에서 온전한 예배의 번제물을 하나님께 바치고 영원무궁토록 이를 행하길 소망합니다. 영적인 삶을 사는 가운데 수많은 어려움에 맞닥뜨릴 때면 우리를 도우시는 하나님의 은혜로 이를 이겨내리라 굳게 다짐해야 합니다.

2. 영적인 삶에 들어섰을 때 우리는 자신의 참 모습을 아주 철저하게, 그리고 깊이 살펴봐야 합니다. 자신의 존재가 전적으로 경멸당해 마땅하고, 그리스도의 이름에 걸맞지 않으며,

온갖 병폐에 물들기 쉽고, 무수한 결함에 허덕인다는 사실을 깨닫게 될 것입니다. 이런 나약하고 병든 모습이 우리를 고통스럽게 하고 영혼의 건강을 해칠 뿐 아니라 기분과 성정을 불안정하게 흔들어버리겠지요. 헤아릴 수 없이 많은 고난과 역경 때문에 내적으로 외적으로 단련받고 낮아질 존재, 하나님의 뜻으로 그렇게 될 피조물이 바로 우리입니다.

3. 우리가 확고부동하게 믿고 한순간도 의심하지 말아야 할 것이 있습니다. 모든 훈련이 우리에게 유익한 일이며, 하나님께서 단련을 통해 우리에게 찾아오시는 것이 그분의 뜻이고, 우리 영혼이 온갖 쓰라린 경험과 연단의 시간을 거치는 것이 그분의 거룩한 섭리가 진행되는 과정임을 믿어야 합니다. 우리가 그분을 사랑하기 위해서는 오랜 시간 수많은 고통과 슬픔을 겪어내는 과정이 필요한 것 같습니다. 하나님의 뜻 앞에 우리 마음과 영을 순종하는 마음으로 내어놓지 않으면 그 어떤 헌신과 완전함도 존재할 수 없겠지요.

4. 영혼이 앙망하는 완전함의 경지가 높아질수록 하나님의 은혜에 의존하는 마음도 더 커지기 마련입니다. 하나님의 은혜 없이 우리 영혼은 아무것도 할 수 없으므로 매 순간 우리에

겐 그 은혜가 필요합니다. 이 세상과 육신과 사탄이 합심해 끈질기게 맹공격을 가하는 터라 언제나 곁에서 우리를 도우시는 하나님을 겸손하게 의지하지 않는다면 그 악한 연합군은 우리가 아무리 발버둥치며 저항할지라도 기어이 우리 영혼을 끌어내려 무너뜨리고 맙니다. 전적으로 의지하는 모습이 우리 본성과 맞지 않아 보이기도 하지만, 하나님의 은혜가 우리로 하여금 마음 편히 그분께 의지할 수 있게 하며 그 안에서 기쁨을 얻게 합니다.

영적인 삶에 이르는 데 필요한 연습

1. 영적인 삶에 있어 가장 거룩하고 보편적이며 꼭 필요한 연습은 바로 하나님의 임재 연습입니다. 하나님과의 거룩한 동행 안에서 기쁨을 찾으며, 언제나 하나님의 뜻에 따르고, 정해진 규칙이나 일정한 체계 없이도 순간순간 겸손한 자세로 하나님과 다정한 대화를 나누는 것이 곧 영혼의 훈련입니다. 어떤 유혹과 시련이 찾아오더라도, 영혼이 메말라 하나님을 기피하는 순간에도, 불성실과 죄악에 빠진 순간에도 하나님과 동행하는 길에서 벗어나서는 안 됩니다.

2. 우리는 이 한 가지 목표를 두고 부단히 노력해야 합니다.

사소한 행동이라도 모든 행실이 하나님과 교제하는 것이 되도록 한다는 목표입니다. 하지만 그런 행동을 애써 연구해서는 안 됩니다. 순수하고 단순하게, 마음에서 자연스럽게 우러나오는 행동이 되어야 합니다.

3. 우리는 성급한 행동이나 경거망동한 태도를 보이지 말고 모든 일을 깊이 숙고한 다음 침착하게 행동해야 합니다. 경솔한 모습은 훈련되지 않은 마음을 나타내는 증거입니다. 우리는 평온하고 침착한 자세로 일에 임하고 그 일에 애정을 기울여야 합니다. 또한 맡은 일이 잘 이루어지도록 하나님께 간청해야 합니다. 오직 하나님께 마음을 고정시킨다면 사탄의 머리를 짓이길 힘을 얻어 그 사탄이 무기를 버리고 쓰러질 때까지 공격하게 될 것입니다.

4. 분주할 때든, 영적인 문제로 묵상할 때든, 혹은 정해진 기도 시간에 목소리 높여 간구할 때든 가능한 한 자주, 잠시라도 모든 일을 멈추고 하나님을 경배해야 합니다. 그 순간은 우리 심령 깊은 곳에서 우러나는 예배가 될 것입니다. 또한 잠깐 지나가는 시간일지라도 그 순간 하나님을 경험하는, 이를테면 남들이 모르는 은밀한 방식으로 하나님을 직접 느껴보는

시간으로 삼아야 합니다.

우리가 맡은 모든 일 가운데 하나님이 함께하시고 우리 영혼의 가장 내밀한 곳에 하나님이 계심을 알 수 있습니다. 그렇다면 왜 우리는 일상적인 일을 할 때나 기도를 할 때 순간순간 잠시 멈춰서 마음을 다해 하나님을 경배하고 그분을 찬양하고 그분의 도움을 구하지 않습니까? 왜 진심을 다해 하나님을 섬기거나 그분의 인자하심과 자비하심에 감사드리지 못합니까?

하루를 보내는 동안 시시때때로 육적인 일들을 끊고 영혼이 거하는 비밀스러운 처소에서 하나님을 경배하고자 물러나 있는 것만큼 하나님이 기쁘게 받으시는 제사가 있겠습니까? 그렇게 영혼의 기도처를 찾아 들어가 하나님을 만나는 시간을 통해 우리는 자기애를 산산이 깨뜨리게 됩니다. 자기애는 오직 의식의 세계에 존재하는 것입니다. 조용히 물러나 하나님과 함께하는 순간은 곧 우리가 거의 무의식적으로 자기애라는 더께를 벗겨내는 시간입니다.

한낱 우리의 즐거움을 찾으려고 벌인 일에서 단 한순간이나마 창조주 하나님께 마음을 돌리는 것보다 더 큰 믿음의 증거는 없습니다. 하나님에 대한 우리의 신뢰와 신실함을 하나님께 바치기에 그보다 더 훌륭한 근거가 없다는 뜻입니다. 하지만 우리를 둘러싼 세상적인 것들을 영원토록 완전히 외면하라는 조언으로 생각하진 마십시오. 그건 불가능한 일이지요. 모든 미덕의 모체인 분별력이 우리를 안내해줄 것입니다. 그러나 바쁜 가운데 잠시 멈춰서 진정으로 하나님을 경배하고 잠시나마 하나님과 교제하는 평화를 누리는 연습을 소홀히 하는 이들이 있습니다. 내가 확신하건대, 하나님의 임재 연습을 등한시하는 것은 경건한 이들이 범하는 흔한 과오입니다. 이야기의 곁가지가 길어졌지만 이 문제는 내게 많은 도전이 되었던 것 같네요. 다시 본론으로 돌아갑시다.

5. 하나님을 경배하는 행위의 원동력이자 든든한 길잡이는 바로 믿음입니다. 우리는 하나님이 실제로 우리 영혼 가운데 거하심을 진심으로 믿어야 합니다. 또한 우리가 신령과 진정으로 하나님을 경배하고 사랑하고 섬겨야 한다는 믿음도 가져야 하고요. 하나님이 모든 것을 꿰뚫어 보시며 우리의 마음과 그분의 모든 피조물들이 하나님을 향해 열려 있다는 믿음, 하나님은 자존하는 분이시며 모든 피조물이 그분 안에 살고 움직이고 존재감을 갖는다는 믿음, 완전함 자체이신 하나님은 한계가 없는 주권자이시며 우리가 영과 육을 남김없이 내어드리기를 바라시는 분이라는 믿음이 있어야 합니다. 당연히 우리의 생각과 말과 행동은 전부 하나님의 은혜에 빚진 바

되었습니다. 그 빚을 갚는 것에 대해 생각해보아야 합니다.

6. 우리에게 부족한 덕목이 무엇이며 우리가 체득하기 가장 어려운 덕목이 무엇인지 알아내기 위해 부지런히 우리 자신을 점검해야 합니다. 우리를 가장 쉽게 공격하는 죄악이 무엇이고 우리가 가장 자주 넘어지는 경우가 언제인지 살펴봐야 합니다. 고군분투하는 중에도 하나님을 절대적으로 신뢰하고 그분을 의지하면서 그분의 거룩한 주권이 임재하는 가운데 꿋꿋이 머물러야 합니다. 자기를 낮추고 하나님을 경배하면서, 우리가 겪는 고통과 실패한 부분을 그분 앞에 그대로 아뢰면서 은혜로 도우실 것을 성실히 간구해야 하고요. 우리가 연약해질 때면 하나님 안에서 우리의 강함을 발견하게 될 것입니다.

신령과 진정으로
하나님께 예배하기 위해 필요한 것

1. 신령과 진정으로 하나님께 예배한다는 의미는 우리가 그분께 입은 은혜를 예배로 바친다는 것입니다. 하나님은 영이시므로 우리는 신령과 진정으로 하나님을 경배해야 하지요. 다시 말해서 우리 존재의 가장 깊은 데서 우러나는 참되고 겸손한 영적 예배를 하나님께 드려야 합니다. 끊임없이 드려지는 이런 예배가 마침내 자연스럽게 행해지고 마치 하나님이 우리 영혼과 하나가 되고 우리 영혼이 그분과 하나가 되는 듯한 모습은 오직 하나님만이 알아보실 수 있습니다. 연습만이 이를 가능하게 할 것입니다.

2. 진정으로 하나님을 예배함은 하나님을 그 본모습대로 인정하고, 우리 자신 또한 있는 그대로의 모습으로 인정하는 것입니다. 진정으로 그분을 예배한다는 건 진정으로 하나님이 어떤 분이신지 진심어린 마음으로 인정한다는 뜻입니다. 다시 말해 하나님이 한없이 완벽하시고 무한한 경배를 받으시기에 합당함은 물론 죄로부터 영영 멀리 계시며 모든 거룩한 속성을 갖고 계신 분임을 진심으로 받아들이는 것이지요. 이처럼 크신 하나님이 마땅히 경배받으셔야 하는데도 온 힘을 다해 하나님께 예배하는 데 전념하지 못하는 자는 도리에 따르지 못하는 사람이나 다름없습니다.

3. 진정으로 하나님을 예배함은 우리가 하나님의 뜻과는 정반대로 살아가고 있음을 고백하는 것이며, 우리가 아는 바와는 다르게 하나님은 우리가 원한다면 언제든 우리를 하나님과 닮은 모습으로 빚어주실 것이라는 사실을 인정하는 것입니다. 하나님께 올려드려야 할 경외심과 사랑, 섬김 그리고 끊임없는 예배를 단 한순간이라도 게을리하는 것은 더없이 어리석은 짓입니다. 과연 누가 이로 인해 유죄 판결을 받게 될까요?

우리 영혼이
하나님과 연합하는 방법

하나님과의 연합은 분량에 따라 세 가지로 나뉩니다.

첫 번째는 일반적인 연합, 두 번째는 사실상의 연합, 세 번째는 실제적인 연합입니다.

1. 오직 은혜로써 영혼이 하나님과 연합할 때 그 연합의 수준을 일반적이라고 합니다.

2. 사실상의 연합은 실제로 이루어진다기보다는 유효한 상태라고 볼 수 있지요. 우리가 하나님과 연합하는 행위를 시작하면서 그 행위가 지속되는 동안 그것을 근거로 하나님과의 연합을 유지하는 것입니다.

3. 실제적인 연합은 가장 완벽한 연합입니다. 다른 두 가지 연합의 경우 우리의 영혼은 수동적입니다. 말하자면 거의 선잠을 자고 있는 상태라 볼 수 있지요. 그에 비해 실제적인 연합에 임한 영혼은 대단히 활동적입니다. 불꽃보다 더 활활 타오르고 태양보다 더 눈부시게 빛납니다. 구름이 걷혀 또렷이 보이는 태양처럼 말이죠. 하지만 우리의 감정 때문에 연합에 대해 현혹될 수 있습니다. 실제적인 연합은 "나의 하나님, 제 온 마음을 다해 당신을 사랑하나이다!"라는 순간의 외침이 튀어나오게 하는, 금세 지나가는 감정이 아닙니다. 오히려 말로는 형언하기 힘든 대단히 영적인, 그러나 아주 단순한 영혼의 상태입니다. 실로 고요한 기쁨으로 가득할 뿐 아니라 아주 겸손하고 지극한 경외심이 바탕이 된 사랑으로 가득한 상태 말입니다. 하나님을 사랑하는 마음이 우리 영혼으로 하여금 하나님을 사모하게하고 말로 표현할 수 없을 정도로 다정하게 하나님을 끌어안게 하는 높은 경지까지 우리 영혼을 들어 올립니다. 그리고 체험만으로 우리가 이해하도록 가르쳐주고요. 이 모든 것이 앞서 말한 영적인 상태에서 이루어집니다.

4. 하나님과 연합하기를 갈망하는 사람들은 다음과 같은 사실을 깨달아야만 합니다. 즉, 어떤 것이 자기의 의지에 온당해

보이고 마음에 든다고 해서 그것이 자신을 하나님과 가까워지게 해줄 것이라고 생각해서는 안 된다는 것입니다.

하나님은 인간이 이해할 수 없는 존재입니다. 인간이 하나님과 연합하기 위해서는 육적·영적 감각이나 즐거움과 관련된 의지를 거부하고 거기서 벗어날 필요가 있습니다. 다른 무엇보다도 하나님을 사랑하기 위해 자유로워지는 것입니다. 만약 우리의 의지가 하나님을 이해할 수 있는 길이 있다면 그것은 오직 '사랑'을 통해서만 가능합니다. 그러나 그 사랑은 하나님을 목표로 삼기 때문에 이 세상의 것들로부터 방해를 받게 될 것입니다.

하나님의 임재에 관하여

1. 하나님의 임재는 우리 영이 하나님을 향해 힘을 쏟는 것입니다. 또는 하나님이라는 존재가 우리가 날 때부터 우리에게 주어진 선물이라는 사실을 상상이나 이해를 통해 깨닫는 것입니다.

2. 지난 40년간 하나님의 임재를 깨닫고 이를 연습해온 친구*가 있습니다. 그는 하나님의 임재 연습을 여러 가지 다른 이름으로 부릅니다. 때로는 단순한 '행위'라고 부르거나 혹은 하나님에 대한 명확하고 뚜렷한 '앎'이라고 부릅니다. 또 어떤

* 앞서 나왔던 표현처럼 로렌스 형제 자신을 지칭하는 말로 보인다.

때에는 유리를 통해 보는 듯한 '바라봄', 다정한 '응시', 하나님에 대한 내적인 감각이라고도 하고, 하나님을 '섬기기', 그분과의 조용한 '대화', 그분 안에서 느끼는 마음의 '평온', 영혼의 '생기'와 '평화'라고도 말합니다. 그래도 내 친구는 하나님의 임재라는 의미를 표현하는 이런 모든 방법이 결국 동일한 것을 가리킨다고 말합니다. 그리고 하나님의 임재가 자신의 영혼을 저절로 충만케 하며 어느새 자연스럽게 지금의 상태가 되었다고 합니다.

3. 그 친구는 지칠 줄 모르는 노력을 기울이고 하나님의 임재를 향해 끊임없이 자기 마음을 불러들이는 사이 자기 안에 본성 같은 습관이 형성되었다고 합니다. 일상적인 일에서 벗어나자마자, 그리고 뒤이어 다른 일을 해야 할 때도 그의 영혼은 아무런 걱정이나 염려 없이 모든 세속적인 일을 뒤로하고 저 높은 곳으로 올라갑니다. 그리고 하나님께 단단히 붙잡힌 존재처럼, 영혼이 평안하게 쉬는 안식처 한가운데에 있는 듯 그곳에 거합니다. 그럴 때마다 늘 믿음이 그의 친구가 되어줍니다. 그의 영혼은 기쁨으로 충만해집니다. 그가 '실제적 임재'라고 부르는 그 순간에는 크나큰 기쁨이 다른 모든 것을 아우르게 됩니다. 이 세상에 오직 하나님과 자신만 있는 기분

을 느끼고 하나님과 끊임없이 대화하며 그분께 자신이 필요한 바를 채워달라고 간구하고 그분의 임재 가운데 충만한 기쁨을 발견합니다.

4. 하지만 하나님과의 친교는 자기 존재의 깊숙한 곳에서 이루어진다는 사실을 알아야 합니다. 바로 그곳에서 영혼이 하나님과 숨김없는 이야기를 나눕니다. 영혼은 그런 대화를 지속하면서 남들이 모르는 대단히 깊은 평안을 누립니다. 모든 일은 아무 걱정 없이 지나갑니다. 만사가 확 불타올랐다 금세 꺼져버리고 마는 지푸라기에 붙은 불에 지나지 않습니다. 이럴 경우 세상일에 대한 근심 걱정은 영혼이 머무는 평안을 거의 침범하지 못합니다.

5. 하나님의 임재에 대해 다시 숙고해봅시다. 하나님의 얼굴에 깃든 부드럽고 다정한 빛이 우리 영혼 안에서 서서히 피어나 아주 뜨겁게 우리 영혼을 품어줍니다. 하나님에 대한 사랑의 불꽃이 어찌나 크고 성스러운지 그 뜨거운 감정을 겉으로 표현하는 것을 부득이 누그러뜨려야 할 정도입니다.

6. 이런 순간순간 우리 영혼이 하나님과 어떤 대화를 나누

느지 알면 굉장히 놀랄 것입니다. 하나님은 이런 교제를 너무나 기뻐하시므로 기꺼이 하나님 곁에 영원토록 머물고 싶어 하는 영혼에게 헤아릴 수 없는 은혜를 허락하십니다. 마치 우리 영혼이 다시 땅의 세계로 돌아갈까 염려하시듯 차고 넘치게 부어주시지요. 우리 영혼은 감히 측량할 수도 없고 우리의 생각과 열망도 넘어서는 기쁨과 거룩한 양분을 믿음 안에서 발견하게 됩니다. 단순히 동의하는 것 외에는 그 어떤 노력을 기울이지 않아도 말이지요.

7. 하나님의 임재는 곧 '영혼의 생명이자 양분'입니다. 하나님의 은혜가 도우시는 가운데 제가 이제 알려드릴 방법으로 부지런히 연습한다면 반드시 하나님의 임재가 이루어질 것입니다.

하나님의 임재에 이르기 위한 방법

1. 첫 번째 방법은 '흠 없이 정결한 삶'을 사는 것입니다. 하나님이 기뻐하지 않으실 일은 그 어떤 것도 행하지도 말하지도 생각하지도 않기 위해 스스로를 단단히 지켜야 하지요. 혹여 하지 말아야 할 일을 했을 때는 진심으로 회개하면서 겸허하게 하나님의 용서를 구해야 합니다.

2. 두 번째는 '하나님의 임재 연습에 더없는 성실함으로 임하는 것'입니다. 그 어떤 염려나 불안이 끼어들지 못하게 하면서 평온하고 겸허하고 사랑스럽게 하나님을 바라보아야 합니다. 믿음 안에서 하나님을 향한 시선을 한시도 거두지 말아야 하지요.

3. 어떤 일을 시작하기 전에 잠깐이라도 하나님께 집중하고 주의를 기울여야 합니다. 일 때문에 바쁜 와중에도, 나중에 일을 다 끝마쳤을 때도 하나님을 바라봐야 합니다. 시간을 들이지 않고 참고 또 참지 않는다면 이런 연습은 성공을 거둘 수 없으므로 수없이 넘어지고 실패하더라도 낙심해서는 안 됩니다. 실로 이런 습관을 들이기란 아주 힘들지만 일단 그런 습관이 생기면 그 안에서 엄청난 기쁨을 누리게 될 것입니다.

우리가 영적이든 육적이든 어떤 활동을 시작하고 마무리할 때뿐 아니라 대체로 삶과 관련된 모든 일을 할 때를 생각해봅시다. 우리 안에 생명을 불어넣는 첫 번째 것이자 우리의 몸을 다스리는 '마음'이야말로 하나님을 사랑하고 예배함에 있어 처음이자 마지막 중심체가 되어야 하지 않을까요? 하나님을 바라보는 습관을 들이고자 노력해야 하는 중심이 바로 마음입니다. 하지만 이때 우리 마음을 순종의 자리로 이끌 필요가 있습니다. 이미 말했다시피 우리는 어떤 중압감이나 치밀한 연구 없이 아주 단순하게 순종만 하면 됩니다.

4. 이런 연습을 시작하는 사람들은 남 몰래 몇 마디 말로 하나님께 기도하기도 합니다.

"하나님, 저는 머리부터 발끝까지 당신의 것입니다. 오, 사랑의 하나님, 온 마음을 다해 당신을 사랑합니다. 주님, 제 마음이 당신의 마음을 닮게 하소서."

또는 갑자기 툭 튀어나오는 사랑 고백 같은 말로써 기도할 때도 있습니다. 하지만 마음이 다시 방황하며 세상으로 돌아가지 않도록 조심하십시오. 오직 하나님에게 마음을 고정해야 합니다. 그러면 의지가 마음을 제압하고 마음은 하나님 곁에 머무를 수밖에 없습니다.

5. 이 같은 하나님의 임재 연습은 일단 시작하기가 다소 힘들긴 하나 성실하게 계속하다 보면 어느새 우리 영혼에 놀라운 영향력을 발휘합니다. 이 연습을 통해 하나님의 은혜를 풍성하게 받으며 자기도 모르는 사이에 영혼이 하나님을 바라보게 됩니다. 우리를 사랑하시고 또 사랑받으시는 존재이며 언제나 우리와 함께하시는 하나님을 보는 것입니다. 이는 곧 가장 영적이고 가장 실제적이고 가장 자유롭고 가장 생명력 있는 기도 방법입니다.

6. 이런 상태에 이르기 위해 우리는 인간적인 감각을 극복

해야 합니다. 세속적인 것에서 기쁨을 취하는 영혼은 하나님의 임재 안에서 충만한 기쁨을 느낄 수 없기 때문입니다. 하나님과 동행하기 위해서 우리는 육적인 쾌락을 주는 것들을 버려두고 나아가야 합니다.

하나님의 임재를 통해 얻는 유익

1. 우리 영혼이 하나님의 임재를 통해 얻는 첫 번째 유익은, 살아가면서 겪는 모든 일 가운데 특히 우리가 부족함을 느낄 경우에 믿음이 더욱 활기가 넘치고 보다 적극성을 띠게 된다는 사실입니다. 우리가 유혹을 받고 시련을 당할 때마다 '하나님의 은혜'라는 구조의 손길을 만나기 때문입니다. 믿음의 길잡이가 되는 이런 연습에 익숙해진 영혼은 그저 하나님을 기억하기만 해도 하나님의 임재를 보고 느끼게 됩니다. 그리고 응답받으리라는 확신을 가지고 편안한 마음으로 하나님께 간구하며 모든 필요한 바를 얻습니다. 믿음을 통해 영혼은 축복받은 이들의 상태에 근접하는 것 같습니다. 우리 영혼이 보다 높은 곳을 향해 나아갈수록 믿음은 더욱 깊어질 것이며, 마침

내 믿음의 눈이 날카로운 통찰력을 지니게 돼 이런 말을 하는
경지에 오릅니다.

"믿음은 '보는 것' 안에서 무위가 됩니다. 이제 나는 '보면
서 체험'할 뿐입니다."

2. 하나님의 임재 연습을 통해 우리는 소망 안에서 더욱 강
건해집니다. 우리가 얼마나 아느냐에 따라 소망이 점점 커집
니다. 이 거룩한 연습으로 우리 믿음이 하나님의 숨은 비밀
을 통찰하는 힘을 키울수록 소망이 커지겠지요. 영혼이 하나
님 안에서 미점美點을 발견할 때도 마찬가지입니다. 그 아름다
움은 이 땅의 것과는 비교가 안 될 정도로 뛰어날 뿐 아니라
가장 성스러운 영혼과 천사들의 아름다움보다도 빼어납니다.
우리의 소망은 풍성한 천상의 기쁨으로 기운을 얻어 점점 강
건해집니다. 영혼은 그 지복을 누리길 열망하면서 부분적으
로는 이 땅에서 미리 그 기쁨을 맛보기도 합니다.

3. 소망이 우리 의지 안에 불어넣는 기운이 있습니다. 그것
은 바로 눈에 보이는 것들을 신뢰하지 않는 마음입니다. 그리
고 소망은 모든 것을 죄다 태우고도 남는 거룩한 사랑의 불로

그 의지를 활활 타오르게 합니다. 하나님의 사랑이야말로 참으로 모든 것을 태우는 불이며 이 불은 하나님의 뜻에 반하는 모든 것을 태워서 재로 바꾸고 말지요. 하나님의 사랑의 불로 타오른 영혼은 하나님의 임재 안에 거하지 않으면 살 수가 없습니다. 하나님의 임재는 우리 심령 안에서 '거룩한 열정'과 '열심히 정진하는 마음'이 뛰놀게 하며, 모든 피조물이 알고 사랑하고 섬기고 경배하는 하나님을 보고자 하는 불같은 열정이 약동하게 합니다.

4. 하나님의 임재를 연습하고 흔들림 없는 시선으로 하나님을 바라보면서 우리 영혼은 더욱 폭넓고 깊이 있게 하나님을 알아갑니다. 아무것도 가리지 않은 깨끗한 눈을 갖게 됩니다. 사랑과 예배, 회개와 전적인 신뢰, 찬양과 기도, 그리고 섬김의 행위가 끊임없이 이어지는 가운데 우리 영혼이 살아가는 모든 나날이 흘러갑니다. 때로는 삶이 하나님의 거룩한 임재를 오래도록 끊임없이 연습하는 것처럼 보입니다.

이런 상태에 이르는 사람들이 많지 않음을 압니다. 선택받은 아주 소수의 사람들에게만 하나님이 허락하신 은혜니까요. 아무런 장애물 없이 하나님을 볼 수 있는 깨끗한 눈은 하나님이 관대한 손길로 건네주신 귀한 선물입니다. 그렇지만

이 거룩한 연습을 기꺼이 수용하고 행하려는 이들을 위로하는 마음으로 나는 이런 말을 들려주겠습니다. "하나님은 그분의 선물을 받고자 간절히 바라는 자들의 마음을 내치시는 법이 거의 없습니다." 혹여 하나님이 더없는 자비를 허락하지 않는다면 이런 확신을 가지십시오. 하나님의 충만한 은혜가 돕는 가운데 하나님의 임재 연습을 행함으로써 우리 영혼이 맑은 눈으로 하나님을 볼 수 있는 자리에 아주 가까워진다는 확신 말입니다.

성품

그의 삶이 전해주는 가르침

나는 약 2년 전 파리 카르멜회 수도원에서 세상을 떠난 로렌스 형제의 '성품'에 대해 내가 직접 보고 들은 바를 글로 남기고 있습니다. 그 형제에 대한 추억은 더없이 향기롭군요.

내게 글을 써달라고 청한 이가 있습니다. 죄인들 가운데 높은 자가 되느니 예배당 문지기가 되기로 한 사람이자, 예수 그리스도의 멍에를 지고선 이 세상의 덧없는 허영과 쾌락보다 그 멍에를 좋아했던 이였습니다. 그는 눈에 보이는 세상 것들의 쇠사슬에서 벗어난 영혼들을 위해 로렌스 형제의 생각과 가르침을 적어달라고 청했지요. 훌륭한 로렌스 형제의 '생애'를 다룬 글과 '편지' 모음이 이미 출간되긴 했지만 나는 그분의 청을 흔쾌히 따르기로 했습니다. 거룩한 형제에 관해 우리가 간직했던 바를 널리 알리고 또 알려도 부족할 것 같다는 생각이 들었거든요. 거의 모든 사람들이 그릇된 곳에 가치를 두고 거기에 도달하고자 잘못된 길로 접어드는 이 시대에, 로렌스 형제 같은 사람을 견실한 신앙의 표본으로 삼아 알리는 것이야말로 내가 할 수 있는 가장 큰 섬김이라는 확고한 믿음이 있습니다.

여기서 이야기를 들려줄 사람은 바로 로렌스 형제 자신입니다. 나는 그가 나와 대화를 마치고 떠나자마자 그와 함께 나눴던 '대화'를 곧바로 기록해두었던 것처럼 여기서도 그의 말을 그대로 전할 것입니다. 성자들 본인만큼 자기 이야기를 소상히 표현할 수 있는 사람은 없습니다. '성 어거스틴의 참회록과 서신'은 그 어떤 사람이 덧붙였을 이야기보다 훨씬 생생한 내용을 전해줍니다. 그렇기 때문에 이 하나님의 종이 꾸밈없이 진심을 다해 직접 말하는 것보다 더 확실한 이야기는 없을 것입니다.

덕이 넘치던 로렌스 형제는 참으로 인간다운 사람이었습니다. 마음을 열고 솔직하게 사람들을 대한 덕분에 로렌스 형제는 누군가를 만나면 금세 상대방의 신뢰를 얻습니다. 상대방은 숨김없이 속내를 털어놓을 만한 친구를 만났다는 기분을 느낍니다.

그는 자기가 지금 만나고 있는 사람이 누구인지 잘 알 경우 기탄없이 대화를 나누고 더없이 선량한 마음을 선뜻 열어 보였습니다. 그가 하는 말은 아주 단순했지만 간단명료하고 충분히 타당한 내용이었습니다. 겉으로는 다소 억세고 촌스러워 보였으나 그 이면에는 뛰어나게 총명한 모습, 평범하고 초라한 평수사의 품이라고 보기에는 더없이 너른 마음가짐, 모두의 기대를 넘어선 통찰력이 있었습니다. 로렌스 형제는 실무를 맡아 하는 사람으로서 중대한 문제들을 척척 완수해냈고 사람들에게 현명하고 믿을 만한 조언도 해주었습니다. 이런 모습이 평범한 관찰자의 눈에 비친 특징이었지요.

그의 심성과 영적 생활은 로렌스 형제가 직접 설명한 '대화' 편에 잘 나와 있습니다. 로렌스 형제가 회심하게 된 원동력은 하나님의 능력과 지혜에 대한 고결한 신념이었습니다. 그는 회심 후 일평생 대단히 성실하고 부지런한 자세로 하나님을 좇으며 다른 생각들은 머릿속에서 전부 몰아냈습니다.

로렌스 형제가 처음으로 하나님에 대해 깨달음을 얻은 지점이 곧 그가 삶을 완성해나간 출발점이었습니다. 나중에 보더라도 그가 자기 삶을 어떻게 완성시켰는지 잘 알 수 있지요. 그렇기 때문에 우리는 이 지점에서 잠시 시간을 두고 그가 행한 바를 찬찬히 살펴볼 필요가 있습니다. '믿음'은 그가 등불로 삼은 단 하나의 빛이었습니다. 그 빛은 로렌스 형제가 처음으로 하나님에 대해 눈뜨게 해주었습니다. 그는 하나님을 향해 나아가는 길을 비출 등불로 믿음 외에 다른 것은 전혀 바라지도 않았습니다. 그는 종종 이런 말을 했지요.

"다른 사람들이 하는 얘기를 들어봐도, 책을 읽어봐도, 내가 직접 글을 써봐도 그 모든 건 믿음이 내게 밝히 보여준 하나님과 예수 그리스도의 말할 수 없는 풍성한 은혜와 비교하면 재미도 없고 지루하고 무겁기만 했다네. 하나님만이 스스로의 모습을 우리에게 드러내 보이실 수 있지.

우리는 겨우 이성과 과학에 기대어 정신을 단련하며 고생스럽게 노력한다네. 그 안에서는 그저 사본만을 볼 뿐, 비할 데 없는 빼어난 원본을 바라보지 못하고 있다는 사실을 잊고 말일세. 하나님은 우리 영혼 깊은 곳에서 당신의 모습을 드러내시니 우리가 그것을 깨닫기만 해도 좋으련만 사실은 하나님을 제대로 찾지 않겠지. 우리는 어리석은 행위로 시간을 허비하며 하나님을 떠나 있지 않나. 언제나 우리와 함께하시고 우리의 왕이 되시는 하나님과의 교감 따위는 거들떠보지도 않은 채 말이지."

"우리가 책에서 읽은 것, 혹은 하나님에 대한 애정이라며 어느덧 사라지고 마는 기분에 의존한 '이론'으로 하나님을 알기는 충분치 않네. 감정이야 잠깐 일렁이고 말겠지. 하나님을 본다 해도 잠깐 흘끗 보는데 그치고. 믿음이 살아 움직여야 해. 우리가 그렇게 만들어야 하네. 거룩하고 완전하신 하나님 아버지와 예수 그리스도를 경배하기 위해서는 믿음의 방법을 동원해 모든 덧없는 감정을 넘어서야 하네. 믿음의 길은 곧 교회의 정신이고 그 길은 숭고한 완전함에 이를 것일세."

로렌스 형제는 하나님이 자기 영혼에 임재하심을 믿음으로 깨달았음은 물론, 살아가는 동안 자신에게 어떤 일이 닥칠 때마다 하나님이 임재하시길 간구했습니다.

어느 겨울날 그의 눈에 띤 나목裸木 덕분에 그의 영혼은 한순간 하나님에 관한 '사실'을 깨달았습니다. 그의 영혼을 울린 번뜩이는 무언가가 있었지요. 그 깨달음이 워낙 강렬하고 귀했기 때문에 그 후 40년이 지났어도 마치 처음 그 나무를 보고 느꼈던 날처럼 언제나 생생하고 명확하게 그의 마음에 각인돼 있었습니다. 이 부분은 그가 평생 동안 이어간 연습이었습니다. 보이지 않는 영원의 세계에 차츰 다가갈 수 있도록 보이는 것들을 활용하는 연습이라 할 수 있겠네요.

로렌스 형제는 예수 그리스도의 말씀 속에서 자기 믿음을 보다 꾸밈없고 순수하게 키워갈 수 있음을 알았으므로 다른 어떤 책보다도 특히 복음서를 좋아했습니다.

로렌스 형제는 굳은 결심으로 영적인 삶을 시작했고 믿음을 통해 보았던 대로 하나님의 임재를 올바로 헤아리며 진중한 마음을 키워가고자 성실하게 노력했지요. 그는 흔들림 없는 모습으로 계속해서 하나님을 찬미하고 다양한 방식으로 하나님께 자신의 사랑을 보여드렸습니다. 그는 맡은 일을 시작할 때 하나님께 도움을 간구했고 일을 잘 마친 후에는 감사 기도를 드렸습니다. 그리고 일을 소홀히 한 부분은 이른바 자기변호를 앞세우기보다 하나님께 솔직히 고하면서 용서를 구했습니다. 이처럼 하나님과의 교제는 그의 일상적 업무에도 잘 녹아들어 있었고 일을 할 때 중요한 일부가 되었으므로 그는 아주 손쉽게 자기 일을 해내면서도 하나님으로부터 결코 멀어지는 법이 없었지요. 하나님과 영적 교감을 이루며 도움을 얻었던 셈입니다.

하지만 그도 처음에는 이런 영성 훈련이 힘들었다고 털어놓더군요. 이 연습을 마냥 잊고 지낸 적이 많았지만, 이처럼 자신이 실패한 부분을 겸허히 고백한 이후 그는 별 탈 없이 연습에 다시 전념했다고 합니다.

때때로 종잡을 수 없는 엉뚱한 공상이 머릿속으로 밀려들어와 하나님의 자리를 거칠게 빼앗아버릴 때도 있었지요. 그럴 때면 로렌스 형제는 냉정을 잃지 않고 그 생각들을 즉시 쫓아버린 다음 다시 하나님과 교제하는 자리로 돌아갔습니다.

마침내 그의 성실함과 인내가 보상을 받았습니다. 그의 영혼이 아무 방해를 받지 않고 지속적으로 하나님의 임재를 느끼게 된 것입니다. 온갖 다양한 일을 하고 한꺼번에 여러 임무를 맡을 때 어수선했던 그의 행동에 변화가 찾아왔습니다. 또렷하게 하나님을 바라보고, 환히 빛나는 사랑을 발산하고, 언제나 기쁜 마음을 품게 되었지요. 한번은 그가 이런 말을 한 적 있습니다.

"나에게는 일하는 시간이나 기도하는 시간이 별반 다르지 않다네. 온통 소란스러운 주방에서 몇 사람이 동시에 여러 가지 일을 나에게 요구하는 와중에도 나는 마치 무릎 꿇고 성찬식에 임하는 순간처럼 더없이 평온함 속에서 하나님을 내 안에 모실 수 있지. 실로 가끔은 내 믿음이 너무나 확실해서 '이게 진짜인가? 혹시 제대로 된 믿음을 잃어버린 건 아닐까?' 하는 상상도 한다네. 얼마나 확실하냐면, 우리 시야를 가리는 그림자가 휘리릭 달아나고 구름 한 점도 없이 오래도록 이어질 삶의 영광스러운 날이 밝아오는 것 같다네."

이런 신실함은 곧 로렌스 형제를 영적으로 높은 경지에 이르게 해서 그의 영혼이 하나님과 지속적인 교제를 나눌 수 있도록 다른 모든 생각들을 떨쳐버리게 했습니다. 그러자 나중에는 하나님과 영적인 교감을 나눈 것이 마치 본능처럼 몸에 배어 그의 말대로 하나님을 외면하고 다른 일로 분주해진다는 자체가 불가능해졌습니다.

그는 「대화」 편에서 이 중요한 부분에 주목하고 있습니다. 하나님의 임재는 머리로 하는 이해보다는 진심어린 마음과 사랑을 통해서 성취될 수 있다고 합니다.

"하나님께로 나아가는 길에 '생각'은 아무 쓸모가 없어. '사랑'만 있으면 되네."

그는 이렇게 말하면서 이야기를 이어갑니다. "대단한 일을 해야 할 필요도 없지." 주방에서 일하는 평수사의 모습을 그려보십시오. 그가 한 말 그대로 옮겨보겠습니다.

"우리가 하나님을 위해 할 수 있는 일은 거의 없네. 하나님을 사랑하는 마음으로 프라이팬에 있는 핫케이크를 뒤집고 그 일을 다 하고 나서 누가 나한테 다른 일을 시키지 않으면 그때는 하나님 앞에 엎드려 감사 기도를 드리지. 내게 일할 은혜를 주신 분이니까. 그런 다음 세상 어느 왕보다도 흡족한 마음으로 일어선다네. 하나님 사랑을 위해 하는 일이 고작해야 땅에 떨어진 지푸라기 하나 줍는 것이라 해도 나는 족하다네."

"우리는 하나님을 사랑하는 법을 배우고자 정해진 방법들을 여기저기 찾아 헤매지. 그 사랑에 이르기 위해 헤아릴 수 없이 많은 방법을 시도하면서 마음을 불안하게도 하고 말일세. 말하자면 우리는 스스로를 괴롭히는 셈이야. 하나님의 임재에 이르기 위해 이것저것 수없이 연습하고 있지 않나. 하지만 답은 간단하네. 하나님을 사랑하기 위해서 우리는 늘 하던 일을 순수한 마음으로 하고, 우리 손에 들어오는 모든 것에 하나님의 축복의 표식을 남기고, 그리고 하나님과 우리 심령 간의 친밀한 교제로 언제나 하나님의 임재를 깨닫기만 하면 되네. 이것만큼 쉬운 지름길이 어디 있겠나! 정교한 기술이나 골치 아픈 과학 같은 건 전혀 필요 없네. 그저 우리 모습 그대로 하나님께 나아가면 돼. 오로지 마음 하나만 갖고."

저는 그의 말을 그대로 전하고 있습니다.
하지만 우리는 하나님을 사랑하는 법을 배우기 위해 그분께 우리 행실을 보여드리고 도움을 간청하며 사랑의 결과물을 보여주는 것이면 충분하다고 생각해서는 안 됩니다. 로렌스 형제는 아예 처음부터 하나님을 거스를 만한 일은 아무것도 하지 않도록 스스로를 엄격하게 단련했으며 자기 자신을 잊고 모든 것을 하나님을 위해 포기했기 때문에 하나님을 사랑하는 완전한 모습에 이르렀습니다. 그는 이렇게 말했습니다.

"나는 신앙생활을 시작하면서부터 더는 선행이나 구원에 대한 생각으로 골치를 썩지 않는다네. 하지만 내가 저지른 죗값을 치르기 위해 하나님께 내 자신을 전부 드리고 하나님을 사랑하기 위해 하나님의 것이 아닌 것은 모조리 포기한 뒤로, 오직 내가 할 일은 이 세상에 하나님과 나를 제외하고는 아무것도 없다는 듯 사는 것임을 깨달았지."

이와 같이 로렌스 형제는 하나님을 위해 모든 것을 버리고 하나님의 사랑을 위해 모든 것을 행하면서 가장 완전해지는 길로 들어섰습니다. 그는 자기 모습을 아예 잊어버렸지요. 천국이나 지옥, 혹은 과거에 자신이 저지른 죄에 대해 더 이상 생각하지 않았고, 자신의 죄과를 용서해달라고 하나님께 간구한 후로는 날마다 저지르는 일상의 죄에 대해서도 생각하지 않았습니다. 모든 죄과를 자백했던 터라 더는 그것을 곱 씹으며 괴로워하지 않았습니다. 그 대신 죄를 고백함으로써 완전한 평안을 얻게 되었지요. 그가 입버릇처럼 말했던 대로 "사나 죽으나, 잠시 잠깐이든 영원히든" 자신을 하나님께 맡 긴 후 그에게 찾아온 평화였습니다.

우리는 오로지 하나님을 위해 만들어진 존재입니다. 그렇기 때문에 하나님은 우리가 하나님 안에서 우리 전 존재를 찾고 자 심지어 우리 자신까지 모든 것을 버린다 해도 이를 나쁘게 여기실 리 없습니다. 우리는 자기 안으로 파고들어 스스로를 돌이켜볼 때보다 하나님 안에서 우리의 부족함을 더 확실히 보게 될 것입니다. 사실상 자기 성찰은 완전히 털어내지 못한 자기애의 찌꺼기에 지나지 않지요. 이는 자기 나름의 완벽함 을 추구하는 열의라는 미명하에 우리 시선이 자꾸 자아를 향 하게 만듭니다. 하나님을 향해 고개를 들기보다는 자꾸 시선 을 떨어뜨리게 하는 것입니다.

로렌스 형제는 종종 자신이 고난을 겪었던 4년간 그가 길을 잃었다는 중압감에서 벗어나도록 자신을 도와주는 사람이 아 무도 없었지만, 그가 처음 결심했던 바는 결코 흔들리지 않았 다고 말했습니다. 쓸데없이 앞날에 대해 고심하지도 않았고, 불안에 떠는 영혼들이 대개 그러하듯 현재 자신의 마음을 괴롭히는 고통을 헛되이 곱씹지도 않았지요. 대신 이런 말을 하며 위안을 찾곤 했습니다.

"내게 남은 날이 얼마가 됐든, 무슨 일이 생기든 괜찮아. 하나님을 사랑하기 위해서라면 뭐든 할 테니까."

그는 이렇게 스스로를 잊는 가운데 진리 안에서 하나님을 찾았습니다.

로렌스 형제는 마음 깊이 깨달은 바가 있었습니다. 사람이라면 대개 자신의 의지를 사랑하는 법이지만 하나님의 뜻을 사랑하는 마음이 그 인간적인 마음을 대체했다는 사실이었습니다. 그는 살면서 겪는 모든 일 가운데 하나님의 뜻이 역사한다는 것을 분명히 보았고, 이로 인해 완전한 평화를 누렸습니다. 그의 마음이 늘 하나님 곁에 머물렀으니까요. 그는 엄청나게 사악한 일에 대해 얘기를 들었을 때 그다지 놀라지 않았습니다. 대신 이런 말을 했지요. 죄악이 인간을 말도 못하게 비열한 존재로 만들 수 있음을 감안한다면, 어째서 더 끔찍한 소식이 들리지 않는지가 더 놀랍다고요. 그는 즉시 일어나 하나님의 보좌를 향해 나아갔습니다. 하나님은 이처럼 죄악 된 세상을 고치실 수 있으나 하나님의 섭리라는 질서 안에서 더없이 참되고 유익한 이유 때문에 이 땅의 악을 허락하셨으므로 로렌스 형제는 죄인들을 위해 기도하고 그들을 대신해 탄원 했습니다. 그렇게 간구한 후에는 다시 하나님의 평안 속에 거 했습니다.

나는 어느 날 아무 예고 없이 그에게 한 가지 소식을 전한 적이 있습니다. 그가 간절히 바라고 오랫동안 힘써온 일이 있는데 높은 사람들이 그의 뜻에 반하는 결정을 내렸기 때문에 그가 원하던 일을 실행할 수 없다는 소식이었습니다. 그에게는 극히 중대한 결과였는데도 그는 아주 간단하게 답했습니다.

"그분들이 그런 결정을 내린 데에는 합당한 이유가 있다고 믿어야 하네. 지금 우리가 할 일은 거기에 대해서 더 이상 이러쿵저러쿵하지 말고 그저 따르는 것일세."

그는 정말로 자기 말대로 처신했고 차후에 얘기할 기회가 많았지만 그 문제를 전혀 입에 올리지 않았습니다.

언젠가 로렌스 형제가 중병을 앓고 있을 때 대단히 높은 분(캉브레의 대주교 페넬롱)이 그를 찾아와 물었습니다. 만약 하나님이 그에게 선택권을 주셔서 거룩한 삶 가운데 더 성장할 수 있도록 생명을 조금 연장하는 것과 당장 천국으로 올라가는 것

중에 고르라고 한다면 무엇을 택하겠느냐는 질문이었습니다. 이 훌륭한 형제는 조금의 망설임도 없이 바로 답했지요. 하나님의 선택에 맡기겠노라, 하나님이 그에게 당신의 뜻을 보여주실 때까지 자신이 할 일은 평안함 속에서 기다리는 것 말고는 아무것도 없노라, 이렇게요.

로렌스 형제는 이런 기질 덕분에 모든 것에 굉장히 무심하고 오롯이 완전한 자유를 누리는 자가 되었습니다. 축복받은 자들이 누리는 바로 그 자유였지요. 그는 편견이 없는 사람이었습니다. 그의 성격을 보더라도 자기중심적인 면을 전혀 발견할 수 없었고 사람이라면 응당 갖고 있는 본능적인 애착에서 비롯된 선입관도 찾아보기 힘들었습니다. 그는 극과 극의 성격을 지닌 사람들에게도 똑같이 사랑받는 사람이었습니다. 사람을 가리지 않고 모든 이들의 행복을 비는 이였죠. 그 어떤 것도 천국 시민인 그를 이 땅에 붙들어둘 수 없었습니다. 그가 보는 것 역시 시간의 둘레 안에 있지 않았고요. 그는 영원한 존재이신 하나님을 오래도록 묵상하면서 그분을 닮아가는 존재가 되었습니다.

그에게는 모든 지위, 모든 의무 등 모든 것이 전부 똑같았습니다. 그는 여기저기 어디서든 하나님을 발견했습니다. 다른 수사들과 함께 기도할 때든, 낮은 자리에서 변변찮은 일을 할 때든 언제 어디서나 하나님을 발견했지요. 그는 피정에 대한 절박함을 전혀 느끼지 않았습니다. 일상적인 업무를 할 때든 고요한 황무지 한가운데 있을 때든 언제나 사랑과 경배의 대상인 하나님 그분을 만났으니까요.

하나님께 나아가고 그분의 임재 가운데 머무르고자 로렌스 형제가 택한 방법은 '하나님을 사랑하는 마음으로 모든 것을 행하는 것'이었지요. 이 일을 하든 저 일을 하든 그 안에서 하나님의 영광을 높일 수만 있다면 무슨 일을 해도 상관없었습니다. 그가 집중하는 대상은 눈앞에 있는 일이 아니라 바로 하나님이었습니다. 그는 자기 의향에 반하는 일일수록 하나님을 위해 자기 의지를 희생하는 사랑의 힘이 더욱 커질 뿐 아니라 그것이 더욱 축복받는 과정임을 알았습니다. 하찮은 일을 한다고 해서 하나님께 바친다는 의미가 퇴색되지 않는다는 것도 알았고요. 하나님은 일의 경중을 따지시지 않고 그 일에 임하는 사랑의 마음을 보십니다.

로렌스 형제에게서 뚜렷이 나타나는 또 다른 특징은 보기 드물게 견실한 마음가짐이었습니다. 이는 다른 사람들이 보기에 불굴의 의지로 비칠 수도 있었겠지요. 하나님 외에는 어떤 것도 두려워하지 않고 바라지도 않는 고결한 영혼을 증명하는 의지 말입니다. 그는 어떤 일에도 놀라지 않았습니다. 그를 경악하게 하는 일도, 두려움에 떨게 하는 일도 없었지요. 이처럼 흔들림 없는 영혼의 안정감은 그가 지닌 다른 미덕과 같은 원천에서 비롯된 덕목이었습니다. 하나님을 향한 고귀한 신념 덕분에 그의 마음에는 창조주에 대한 완벽한 모습이 그려졌습니다. 주권적 정의와 무한한 자비하심을 지닌 하나님의 상이 보였던 것입니다. 그는 이런 상태에 거했으므로 하나님이 결코 자신을 속이지 않으시며 그에게 좋은 것만 주실 것이라는 걸 확신했습니다. 하나님이 슬퍼하실 일은 절대 하지 않으며 그분을 사랑하기 위해서라면 뭐든지 하고 고통을 참아내리라 결단했으니까요.

어느 날 나는 그에게 누가 그를 이끄는 '지도자'냐고 물었습니다. 그는 아무도 없다고 답했지요. 사실 그 누구도 필요 없다는 생각도 비쳤습니다. 그가 몸담은 수도원이 정해준 규칙과 직무는 곧 외적인 일을 처리하는 길잡이가 되고, 복음서는 전심으로 하나님을 사랑하는 영적 삶의 의무를 제시하는 지침서가 되었으니까요. 로렌스 형제에게는 '지도자'가 딱히 필요해 보이진 않았으나 자기 죄를 고백하는 것을 들어줄 '고해신부'는 꼭 필요한 듯했습니다.

자신의 특정한 기질이나 감정만을 영성생활의 길잡이로 삼는 이들이 있습니다. 자기 마음에 경건함이 있는지 없는지 스스로 점검하는 것이야말로 가장 중요하다고 생각하는 사람들입니다. 이들은 안정감도 느낄 수 없고 확실한 잣대도 가질 수 없습니다. 왜냐하면 우리의 성향은 자꾸 변하니까요. 때로는 나태함 때문에, 때로는 우리의 필요에 따라 갖가지 선물을 주시는 하나님의 명령 때문에 들쑥날쑥 변합니다.

하지만 로렌스 형제는 결코 변하는 법이 없는 믿음의 길에서 확고부동한 자세를 유지했습니다. 그는 끝까지 한결같은 모습이었지요. 그가 애썼던 부분은 하나님의 명으로 자신이 처한 곳에서 자기 본분을 다하며 그 상황의 미덕 외에 다른 어떤 칭찬거리도 중요하게 여기지 않는 것이었습니다. 자기 성격을 살펴보거나 발걸음을 멈추고 지금 걷고 있는 길을 따져 보는 대신에 인생 경주의 목표 지점인 하나님에게만 시선을 고정하고 나아갔습니다. 날마다 온화하고 정의롭고 사랑이 넘치는 행실을 보이며 하나님을 향해 달려가는 여정에 박차를 가했습니다. 무슨 일을 해야 하는지 곰곰이 생각하기보다는 직접 그 일을 해내고자 애썼습니다.

이처럼 탄탄한 토대 위에 세워진 로렌스 형제의 신앙심은 환상 따위에 사로잡히지 않았습니다. 그는 '진짜 같은 환상이란 결국 하나님 자체에 만족하기보다 그분이 주신 선물에 만족하는 영혼에게 가장 흔히 나타나는 나약함의 표시'라고 확신했습니다. 수련 수사로 있을 때부터 그에게는 이런 나약함이 전혀 보이지 않았습니다. 그가 신뢰하는 사람들이나 평소에 심중을 털어놓고 대화를 나누던 이들에게도 이런 얘기는 하지 않았던 모양입니다.

그는 평생 동안 믿음이라는 확실한 길을 걸어가며 성자들의 발자취를 따랐습니다. 교회가 처음부터 공표했던 덕목을 연습함으로써 구원에 이른다고 본다면, 그는 구원으로 이어지는 이 정도正道에서 벗어나지 않았습니다. 다른 길은 곁눈질조차 하지 않았지요. 단순한 믿음을 통해 얻은 올바른 관점과 뛰어난 분별력은 우리의 영적인 삶에 불쑥 나타나는 암초를 조심하라고 알려주는 경고등이었습니다. 숱한 영혼들이 그 암초에 부딪혀 난파하고 맙니다. 호기심과 상상이라는 물살, 새로운 것과 인간 중심적인 길 안내라는 흐름을 따라 표류하게 되는 것입니다.

하지만 우리가 하나님만을 찾을 때면 이런 위험 요소를 피하기가 아주 쉽습니다. 신앙이라는 문제에서 새로운 무언가는 주의 깊게 살펴볼 필요가 있습니다. 모름지기 미덕이란 서서히 완성되어가는 것이 아니라 처음부터 완전한 것이기 때문이지요.

로렌스 형제는 흔들림 없는 믿음의 삶으로 늘 준비돼 있던 터라 죽음이 가까워졌을 때도 전혀 동요하지 않았습니다. 일생 동안 그는 실로 대단한 인내심을 보여줬는데 오히려 삶의 마지막 단계로 다가갈수록 그 인내심은 점점 더 강해졌습니다. 크나큰 고통으로 괴로울 때에도 짜증 한번 내지 않았지요. 그의 얼굴에도, 말투에도 기쁨이 배어 나왔기 때문에 병문안을 온 사람들이 의아해하며 그에게 고통스럽지 않느냐고 물어야 할 정도였습니다.

그러면 그는 이렇게 답했지요.

"용서하세요. 실은 정말로 고통스러워요. 옆구리 통증 때문에 괴롭지만 제 영혼은 행복합니다. 아주 만족스러워요."

사람들이 다시 물었습니다.

"하나님이 형제한테 10년 동안 이렇게 고통 중에 있으라 하시면 어떻게 할 것입니까?"

그는 이런 답을 들려줬습니다.

"하나님 말씀에 따라야지요. 그게 그분의 뜻이라면 10년이 아니라 심판날이 이를 때까지라도 고통 중에 있어야지요. 제가 기쁘게 그 고통을 견뎌내도록 하나님이 계속해서 은혜를 부어주시며 저를 도우시길 소망할 것입니다."

로렌스 형제의 한 가지 바람은 하나님 사랑을 위해, 그가 지은 모든 죄를 용서 받기 위해 어떤 고통이든 달게 받는 것이었습니다. 자기 목숨을 앗아갈 이 중병이 이 세상에서 고통을 겪는 좋은 기회라고 생각했던 터라 그 고통을 기꺼이 받아들였습니다. 일부러 그는 형제 수사들에게 자기를 오른쪽으로 눕혀 달라고 했습니다. 그 자세가 훨씬 고통스럽다는 걸 알았으니까요. 말하자면 고통을 감내하고 싶은 열망 때문에 그 상태로 있고 싶었던 것입니다. 병상에 있는 그를 바라보던 한 수사가 고통을 좀 덜어주고 싶다고 말했지만, 로렌스 형제는 이렇게 답했지요.

"고마워요, 형제님. 하지만 하나님 사랑을 위해 내가 이대로 좀 더 인내하도록 놔두시길 부탁합니다."

통증이 찾아오면 그는 종종 이렇게 부르짖었습니다.

"나의 하나님, 제가 병약한 가운데 당신을 경배합니다. 이제 저는 당신을 위해 감내할 무언가를 갖게 되었습니다. 그렇다면 좋습니다. 당신과 함께 고통받고 함께 죽겠나이다."

그런 다음 그는 시편 51편 말씀을 되뇌곤 했지요.

"하나님이여 내 속에 정한 마음을 창조하소서. 나를 주 앞에서 쫓아내지 마소서. 주의 구원의 즐거움을 내게 회복시켜 주소서."(시편 51편 10~12절 일부)

세상을 떠날 시간이 점점 가까워오자 그는 자주 이렇게 외쳤습니다. "오, 믿음이여, 믿음이여!" 이는 그 어떤 긴 이야기보다도 그의 삶을 응축해서 잘 표현한 말이었지요. 그는 끊임없이 하나님을 경배했습니다. 수도원의 한 형제에게 이런 말을 한 적이 있습니다. 자기 영혼에 하나님이 임재하심을 깨닫기 위해 이제는 믿음을 간구할 필요가 없어졌다고 했습니다. 이미 믿음의 단계를 넘어서서 눈으로 보는 단계가 되었으니까요.

많은 이들이 움츠러들 수밖에 없는 어두운 고난의 골짜기에서도 그는 너무나 놀라운 담대함을 보여줬기에 누군가가 그에게 어떻게 그럴 수 있느냐고 물었지요. 그러자 로렌스 형제는 죽음도 지옥도 겁내지 않으며 하나님의 심판이나 사탄의 공격도 두렵지 않다고 대답했습니다.

그가 들려주는 말이 큰 은혜와 위로가 되었으므로 많은 형제 수사들이 그에게 이런저런 질문을 했습니다. 그중 한 명이 던진 질문은 이러했습니다. "우리 인간은 어느 누구도 자신이 하나님의 사랑을 받을 자격이 있는지 확실히 알지 못하기 때문에 살아 계신 하나님의 손에 맡겨진 것이 사실 얼마나 끔찍한지 아느냐"는 물음이었지요. 로렌스 형제는 이렇게 답했습니다.

"물론 끔찍한 일이지요. 하지만 자만할까 두려워 내가 어떤 자격이 있는 사람인지 알고 싶지 않아요. 우리가 할 일은 그저 우리 자신을 하나님께 완전히 맡기는 것뿐입니다."

그가 종부 성사를 받은 후 한 수사가 그에게 마음이 편한지, 무슨 생각을 하는지 물었습니다. 로렌스 형제는 이렇게 대답했습니다.

"내가 영원무궁토록 해야 할 일을 지금도 하고 있지요. 하나님을 찬미하고, 하나님을 송축하고, 하나님을 사모하고, 내 온 마음을 다해 하나님을 사랑하고 있다오. 형제님들! 다른 모든 생각을 떨치고 오직 하나님을 경배하고 그분을 사랑하는 것만이 우리가 해야 할 단 하나의 일입니다."

수도원 형제 중 한 명이 로렌스 형제에게 기도를 청하면서 자기에게 참된 기도의 영을 달라고 하나님께 간구해주십사 부탁했습니다. 그러자 로렌스 형제는 자기 역시 그런 은사를 받는 사람이 되고자 애써야 한다고 대답했습니다.

이것이 로렌스 형제의 마지막 말이었습니다. 다음 날인 1691년 2월 12일 월요일 오전 9시에 그는 아무 고통이나 몸부림 없이, 신체 기능도 거의 잃지 않은 상태에서 주님의 품 안에서 세상을 떠났습니다. 편히 잠든 사람처럼 평온하고 고요한 모습으로 그의 영혼은 하나님 손에 맡겨졌습니다.

이 선한 형제의 삶과 죽음이야말로 참된 그리스도인의 철학을 실제로 가장 명징하게 보여주는 본보기일 것입니다. 영의 생명력을 키우고 하나님과 독생자 예수 그리스도를 알아가고자 전심으로 힘을 쏟기 위해 세상을 저버린 옛날 사람들이 있습니다. 복음서의 말씀을 자기가 따를 유일한 잣대로 삼아 거룩한 십자가 철학을 충실하게 전파했던 신앙인들이었습니다.

알렉산드리아의 클레멘트*가 『스트로마타Stromata』 7권에서 그런 믿음의 사람들을 설명하고 있습니다. 그가 철학자, 즉 지혜로운 그리스도인이 해야 할 가장 중요한 일은 '기도'라고 말했을 때 아마도 로렌스 형제 같은 사람을 염두에 두었을 것입니다. 그런 사람은 언제 어디서든 기도합니다. 중언부언하지도 않고 자기가 얘기를 많이 해야 들어주실 거라는 생각도 하지 않지요. 대신 길을 걸을 때든, 동료와 대화할 때든, 책을 읽을 때든, 일을 할 때든 영혼 깊은 곳에서 은밀한 기도를 드립니다. 그리고 끊임없이 하나님을 찬양합니다. 이른 아침에도 낮에도 무슨 일을 하든 마치 천사들이 하는 것처럼 하나님을 찬미합니다. 기도를 통해 영적인 세계에 관해 계속 묵상하기 때문에 유순하고 온화하고 인내하는 모습을 보이면서도 그와 동시에 유혹과 맞서 싸우고 기쁨이나 슬픔이 자신을 휘어잡지 않게 하는 강철 같은 강인함도 보여줍니다.

묵상이 주는 기쁨은 아무리 먹어도 물리지 않는 맛난 양식과 같습니다. 이 기쁨을 맛본 이는 모든 공허한 즐거움에 둔감해지는 법이지요. 로렌스 형제 같은 사람은 '사랑'으로 하나님과 동행합니다. 믿음을 통해 이미 '빛 중의 빛'을 보았기 때문

---

* Clement of Alexandria 2세기에 활동한 그리스의 기독교 신학자 겸 저술가

에 세상이 주는 것에 아무런 흥이 나지 않습니다. 자신에게 부족한 부분은 이미 사랑을 통해 다 얻었기에 아무것도 바라지 않습니다. 이 세상에서 할 수 있는 만큼 다 이루었으니까요. 열렬히 바라던 대상을 이미 가지고 있다는 뜻입니다.

지금 삶에서 그에게 고통을 줄 것도 없고 하나님의 사랑으로부터 마음을 빼앗을 것도 없기 때문에 두려워할 이유가 없습니다. 고요함 속으로 들어가기 위해 영적인 훈련을 할 필요도 없습니다. 만사형통하리라는 확신이 있으니 마음이 평안합니다. 아무것도 그를 뒤흔들지 못합니다. 하나님을 향한 사랑이 있어서 화를 낼 줄도 모릅니다. 부족한 것이 없으니 질투도 있을 리 없고요. 다른 사람을 사랑하는 마음에는 한낱 인간적인 애정이 아닌 다른 것이 있습니다. 사랑받으시고 사랑하시는 하나님 아버지의 사랑을 받는 대상을 향한 진정한 사랑이 있습니다. 모든 것을 하나님께 위탁하고 그분 안에서만 거하기 때문에 그의 영혼은 흔들리지도 않고 변하지도 않습니다.

위의 모습은 하나의 초상화입니다. 그리스의 과학과 철학의 힘을 빌리기보다는 로렌스 형제처럼 '믿음'의 빛을 통해 더욱 밝은 깨달음을 얻은 대가가 그린 모습이지요. 나는 이 그림에 마지막 손질을 더하고 싶습니다. 위대한 대가들이나 박사들을 무명의 평수사와 동급으로 놓는다고 나를 나무랄 사람이 있을까요? 그의 꾸밈없는 말과 소박한 삶 속에서 그리스도의 가르침과 훈련이 여느 성자 못지않게 순전하고 완벽하게 구현되고 있음을 본다면 그럴 수 없겠지요. 교회의 위대한 선각자들이 우리에게 전해주고 그에 앞서 예수 그리스도가 남겨주신 가르침이 로렌스 형제에게서 똑같이 전해지지 않습니까? 혼자 생각하기를 스스로 지혜롭고 분별 있는 사람이라 여기는 이들에게는 자신을 감추시되, 겸손하게 자기를 낮추는 심령에게 그분의 모습을 드러내시는 예수 그리스도의 가르침 말입니다.

나지안주스의 그레고리*는 참된 그리스도인 철학자보다 용감하고 담대한 사람은 없다고 말합니다(『연설 Oration 28』). 그런 사람의 넓은 마음 앞에서는 모든 것이 무너지기 마련입니다. 만약 누군가가 세상 모든 것을 허락하지 않는다면 그는 아무 미련 없이 훨훨 날아가 하나님 안에서 피난처를 찾을 것입니다. 그는 한계라는 걸 모릅니다. 감정의 폭풍이 휘몰아치는 가운데에도 전혀 동요하지 않고 온전히 하늘에 뜻을 둔 자로서 이 땅에 살고 있지요. 그는 용기라는 부분을 제외하고 모든 면

---

* Gregory of Nazianzus 4세기에 활동한 동방 교회의 교부이자 신학자. 소아시아 카파도기아의 주교

에서 양보하는 사람입니다. 그를 능가하려는 사람들에게 양보함으로써 사실은 그들을 넘어서는 것입니다.

그는 꼭 필요한 부분 말고는 살아가는 데 도움을 받지 않습니다(『연설 29』). 오직 하나님과만 교제를 나눕니다. 그의 영혼은 모든 물질적인 감각을 넘어서 있어서 추하고 세속적인 것은 조금도 섞여 있지 않은 흠 없고 티 없는 거울과 같지요. 하나님을 비추는 깨끗한 거울 말입니다. 완전한 지복至福을 누리는 나날 속에 진리의 광휘가 수수께끼 같은 어둠을 전부 흩어 버리게 될 그날, 마침내 빛의 근원이신 하나님께 이를 때까지, 그분의 빛 안에서 참된 광명을 볼 때까지 그는 날마다 새로운 미덕의 빛을 더해갑니다. 그 안에서 로렌스 형제 같은 평수사는 물론, 같은 심령을 지닌 모든 이들을 알아보게 됩니다.

로렌스 형제는 아주 비천한 자리에서 살았던 사람입니다. 누군가가 로렌스 형제처럼 낮은 지위나 처지에 있다 해도 우리는 그 사람의 삶을 통해서 분명 크게 유익한 부분을 끌어낼 수 있습니다.

이 땅의 근심 걱정에 파묻혀 사는 사람들에게 로렌스 형제는 하나님께 가까이 가는 법과 각자 맡은 바 본분을 다하도록 하나님께 은혜를 구하는 방법을 가르쳐줄 것입니다. 그러면서 사람들이 많이 모인 시장에서 정신없이 바쁜 와중이든 한 가로이 여가를 즐기는 시간이든 하나님께 가까이 갈 수 있음을 잊지 말라고 알려주겠지요. 걱정에 싸여 살던 사람들은 로렌스 형제의 본보기를 통해 마음의 울림을 얻어 하나님의 모든 자비에 감사하는 사람이 될 것입니다. 숱한 실패와 잘못을 고하며 하나님 앞에 스스로를 낮추고 힘을 북돋워주시는 하나님의 선하심에 감사를 드리게 됩니다.

그들은 로렌스 형제의 글에서 단순히 묵상에 집중하거나 수도원에서만 훈련할 수 있는 경건생활의 출발점을 보진 않을 것입니다. 그보다는 하나님을 경배하고 그분을 사랑하는 모든 인간들에게 부여된 의무를 보겠죠. 우리 심령이 사랑으로 하나님과 밀착되지 않고, 마치 사랑으로 붙들어주는 어머니의 든든한 팔 없인 똑바로 설 수 없는 어린아이처럼 매 순간 하나님과 친밀하게 교제하며 그분께로 달려가고자 마음을 다잡지 않는 이상 우리는 이 거룩한 의무를 수행할 수 없습니다.

하나님 아버지와의 교제는 결코 어렵지 않습니다. 아주 쉽고 모두에게 무척 필요한 일입니다. 사도 바울은 이를 모든 그리스도인이 강권받은 일이라고 말했지요. 하나님과의 교제를 연습하지 않는 자, 필요성을 절실히 느끼지 못하는 자, 혼자 힘으로는 무엇이든 제대로 수행할 수 없다는 스스로의 무력함을 이해하지 못하는 자는 누구든 스스로에 대해 무지한 것은 물론 아버지 되신 하나님도 모르고 언제나 필요한 존재이신 예수 그리스도 역시 까맣게 모르는 사람입니다.

세상일이나 이 땅의 걱정 근심은 우리가 의무를 소홀히 한데 대한 면죄부가 될 수 없습니다. 하나님은 어느 곳에나 계신 분이므로 우리가 그분께 가까이 가지 못하고 그분의 음성을 마음으로 듣지 못할 곳은 그 어디에도 없습니다. 사랑하는 마음이 조금만 있어도, 그저 아주 약간의 애정만 있어도 전혀 어렵지 않을 일이지요.

살아가면서 맞닥뜨리는 온갖 곤란한 상황과 골치 아픈 문제들은 로렌스 형제의 뒤를 따를 수 있는 더없이 귀한 기회입니다. 이 세상이 정해놓은 관습과 야망 때문에 걱정과 고민에 사로잡혀 고군분투하는 이들이 그 굴레에서 자유로워지고자 한다면 로렌스 형제의 본보기를 따르는 데 방해가 될 것은 아무것도 없습니다. 매 순간 자기 삶을 사는 것 외에 다른 모든 욕망을 버리고, 하나님 사랑을 위해 모든 행동을 하고, 그분께 모든 것을 드리는 모습이야말로 로렌스 형제의 말대로 삶의 전부가 되는 것입니다.

로렌스 형제는 세상에 완전히 초연하고 자기 자신을 다 잊고 산 사람이었습니다. 마음속에 하나님만 채우기 위해 나머지는 다 비워두었던 터라 심지어 자신의 구원에 대해서도 생각하지 않을 정도로 초탈해 있었지요. 또한 인생에 어떤 일이 닥치든 무심하게 넘기고 영적인 삶에서 자유함을 누렸습니다. 이런 본보기가 된 그의 삶에는 당연히 넘치는 축복이 따를 수밖에 없었겠지요.

더 생각해보기

내가 할 일은 사랑 가득한 마음으로 하나님의 뜻에 연합하는 것입니다. 그렇게 살아가는 한 내가 무엇을 하는지, 어떤 고통을 겪는지는 중요치 않습니다.

나는 하나님 손에 맡겨진 존재입니다. 하나님은 나에 대한 그분의 선한 목적을 갖고 계시므로 사람들이 내게 어떤 짓을 해도 나는 고민하지 않습니다. 내가 지금 여기에서 하나님을 섬길 수 없다면 다른 어디에서든 그분을 섬길 곳을 찾겠습니다.

하나님의 임재 연습은 '그리스도의 완전함'에 이르기 위한 가장 쉬운 지름길입니다. 이는 덕행을 담아내는 틀이자 선한 삶 그 자체입니다. 죄로부터 막아주는 든든한 방패지요. 용기와 선한 의지만 있다면 하나님의 임재 연습은 수월해집니다.

온 세상이 더는 현실적으로 느껴지지 않습니다. 바깥 세계를 바라보는 내 눈에 포착되는 것은 그저 환상이나 꿈처럼 지나가버립니다. 영혼의 눈으로 보는 것만이 내가 간절히 바라는 것이지요. 마음속으로 바라는 바를 얻지 못하면 슬픔을 느끼고 의기소침해집니다. 한편으로는 밤의 그늘을 쫓아버리는 하나님의 공의로운 빛에 눈이 부시고, 다른 한편으로는 내가 저지른 죄에 눈이 멀어 때로는 마치 내가 제정신이 아닌 느낌이 들기도 합니다. 하지만 하나님의 임재 안에 머물고자 일상적인 일을 해나가고 있지요. 충성된 종이지만 쓸모없는 자라는 겸손함을 안고 말입니다.

처음 신앙생활을 시작한 이후 나는 하나님을 내 모든 생각과 사랑의 '목표이자 목적'으로 여겼습니다. 수련 수사였을 때 정해진 기도 시간에 거룩한 존재에 대한 진리를 확신하는 데 이르고자 노력했습니다. 지성적 추론이 아니라 믿음의 빛을 힘입어서 말입니다. 내가 영원히 머물기로 결심한 하나님의 임재 안에서, 이 사랑의 대상을 아는 지식 안에서 발전시킨 짧지만 확실한 방식을 통해 진리에 이르고자 했지요. 이와 같이 나는 크고 위엄 있는 무한한 존재에 완전히 사로잡힌 상태로 나의 일터인 주방으로 가서 할 일을 했습니다. 나를 필요로 하는 모든 일을 하나하나 해나가면서 일 하기 전과 후에 틈이 날 때마다 언제든 기도를 드렸지요. 어떤 일이든 시작하기 전에 나는 마치 어린아이처럼 하나님께 이렇게 아뢰었습니다.

"하나님, 아버지가 저와 함께 계시고 제가 지금 이 일에 전념해야 함이 아버지의 뜻이기 때문에 제가 아버지의 임재 안에 계속 거할 수 있도록 은혜를 주시옵소서. 하나님 아버지, 제가 이 일을 하는 동안 함께하시고 제 손으로 하는 일을 받아주소서. 하나님의 충만한 은혜가 제 심령에 머무시길 바라나이다."

그리고 나는 일을 하는 동안 하나님과 친밀한 대화를 계속 이어가면서 보잘것없지만 섬김의 행실을 그분께 바치고 한결같이 도우시는 그분의 은혜를 간구했습니다. 일을 끝냈을 때는 내 임무를 잘 수행했는지 살펴봤지요. 제대로 해냈으면 하나님께 감사 기도를 드렸고, 제대로 하지 못했으면 그분께 용서를 구했습니다. 낙담하지 않고 마음을 다잡으며 마치 한 번도 하나님한테서 벗어나 방황한 적이 없는 사람처럼 하나님의 임재를 향해 다시 돌아갔습니다.

이처럼 나는 넘어진 후에도 오뚝이처럼 매번 다시 일어나고 전혀 지치지 않은 모습으로 모든 일을 믿음과 사랑 안에서 해냈습니다. 그러다 보니 하나님을 생각하지 않기가 거의 불가능한 상태에 이르렀지요. 처음에 스스로 그렇게 훈련하기가 쉽지 않았던 것처럼 지금은 오히려 하나님과 동행하지 않기가 힘들어졌습니다.

"오, 하나님! 우리 인간의 머리로는 당신의 뜻을 이해하지 못하나이다. 그 모든 뜻 가운데 거하시는 당신의 존재가 얼마나 놀라운지요! 당신의 모든 목적 안에 거하시는 존재 자체가 얼마나 심오한지요! 당신 손으로 행하시는 일 가운데 거하시는 모습이 얼마나 전지전능하신지요!"

하나님에 관한 뭇사람들의 이야기를 들어도, 숱한 책을 찾아 읽어도, 마음속으로 하나님을 느끼며 묵상해도 그 모든 것은 나를 만족시키지 못합니다. 완전하고 무한한 존재인 하나님을 감히 어떤 말로 표현할 수 있겠습니까? 인간의 언어로 대체 어떻게 그분을 그려내겠습니까? 오직 믿음만이 하나님을 밝히 드러내고 그분의 존재를 가르칠 수 있지요. 나는 믿음을 통해 하나님에 대해 더 많이 알아갑니다. 오랜 세월 학교에서 배울 수 있는 것보다 더 많은 부분을 짧은 시간에 배워갑니다.

'오! 믿음, 믿음이여! 인간의 영혼을 밝게 비추며 창조주를 아는 지혜의 길로 이끄는 놀라운 미덕이여! 더없이 사랑스러우나 별로 알려지지 않은 이 미덕, 훈련하는 자도 많지 않은 믿음이라는 미덕을 누군가 일단 맛보게 된다면 그 안에서 실로 형용할 수 없는 눈부신 축복의 바다에 잠길 것입니다.'

우리가 하나님께 돌릴 최고의 영광은 우리 자신의 힘에 대한 믿음은 철저히 버리고 하나님의 안전한 보호 안에 우리를 완전히 맡기는 것입니다.

'오, 하나님 아버지! 당신의 사랑 안에 저는 머리부터 발끝까지 푹 잠깁니다. 그것이 당신의 뜻이라면 하나님을 알지 못하는 이들에게 자비의 징표를 허락하시옵소서. 그리하여 당신을 섬기는 자들이 되게 하소서. 당신을 아는 지혜에 이르도록 믿음이 나를 이끌어가니 그 풍성한 은혜가 내게 넘치나이다. 관대하신 손으로 부어주시는 은총을 내가 거절할 수 없사오니 하나님, 저의 찬양을 받으소서. 당신이 주신 은혜를 다시 감사히 받으며 간구합니다. 주 하나님, 이는 제가 간청한 은혜가 아니라 당신이 주신 선물입니다. 하나님을 찾고 나서야 비로소 제 마음이 쉼을 누리게 되나이다.

오, 하나님! 당신의 사랑을 담을 수 있도록 제 마음의 방을 넓혀주옵소서. 당신의 뜨거운 사랑의 불길 안에 사그라지지 않게 당신의 능력으로 나를 붙드소서.'

하나님의 임재 연습은 우리가 진리 안에서 기도하도록 도와주는 큰 힘이 됩니다. 낮 동안에 마음이 허튼 곳에서 헤매고 다니지 않게 하면서 하나님께 꼭 붙어 있도록 해줍니다. 그렇기 때문에 기도 시간에는 마음의 평정을 유지하기가 더욱 수월해집니다.

온갖 위험한 상황이 우리의 삶 곳곳에 도사리고 있기 때문에 하나님의 은혜가 지속적인 도움의 손길을 건네지 않는다면 우리는 맥없이 난파하고 말겠지요. 하지만 우리가 하나님과 동행하지 않는다면 어찌 도움을 요청할 수 있겠습니까? 늘 하나님을 생각하지 않는다면 어찌 그분과 함께할 수 있겠습니까? 하나님의 임재 안에 머무는 거룩한 습관을 들여 살아가는 순간순간 필요한 은혜를 구하지 않는다면 어찌 우리의 생각 안에 하나님이 거하실 수 있겠습니까?

영적인 삶 속에서 앞으로 나아가고자 한다면 독자적인 지성에 기댄 면밀한 추리나 영리한 결론에 기대지 않아야 합니다. 그 안에서 자신의 바람을 충족시키고자 하는 이는 불행한 자일 뿐이지요. 창조주 하나님이야말로 위대한 진리의 스승이십니다. 하나님은 겸손한 심령에게만 지혜의 빛을 비춰주십니다.

살면서 만나는 시련과 슬픔 속에서 하나님과의 친밀한 교제만큼 큰 위안을 주는 것은 없습니다. 늘 하나님과 친교를 나누는 연습을 한다면 우리 육신을 괴롭히는 사악한 기운이 약해질 것입니다. 종종 하나님은 우리가 영혼을 정화하고 하나님과 함께 거하는 자가 되게 하시려고 육신의 고통을 명하시기도 합니다. 자신의 인생은 하나님 안에 감춰두고 오로지 하나님만을 바라는 사람이라면 어찌 고통을 느낄 수 있겠습니까? 병중에 있을 때 하나님을 경배하며 하나님께 우리의 슬픔과 아픔을 아룁시다. 고통이 우리를 억누를 때면 아버지를 찾는 아이처럼 사랑이 넘치는 마음으로 하나님께 도움을 구합시다. 고통을 이겨낼 힘을 달라고, 아버지의 뜻에 맞게 우리의 의지를 빚으시라고 간구합시다. 육신의 질병으로 고통받는 이들에게는 이처럼 짧은 기도만으로도 충분합니다. 눈물을 씻어내는 놀라운 은혜를 맛보게 될 것입니다.

만약 내 심장이 하나님을 사랑하지 않는다면 그 순간 나는 지체 없이 그 심장을 뜯어내버릴 것입니다.

아주 오래전부터 시작된 하나님의 자비하심은 지금도 여전히 생생하게 살아 숨 쉬는데, 나는 그분을 사랑하기에 너무 늦어버린 건 아닌지 모르겠습니다. 여러분에게는 아직 살아갈 날이 많이 있습니다. 젊은 날 하나님께 집중하지 못하고 그분에게 전념하지 못했던 나를 고백하며 여러분에게 간청합니다. 하나님의 사랑 앞에 여러분의 모든 것을 바치십시오. 내가 일찍이 하나님을 알았더라면, 내가 지금 여러분에게 하는 말을 누군가가 먼저 내게 해주었더라면, 나는 하나님을 사랑하는 데 그렇게 오랜 시간 지체하지 않았을 것입니다. 정말입니다. 하나님을 사랑하는 데 쓰지 않은 하루하루는 잃어버린 날이나 다름없습니다.

옮긴이의 말

프랑스 로렌 지방에서 태어난 니콜라 에르망$^{Nicolas\ Herman}$*은 쉰이 넘은 나이에 맨발의 카르멜수도회 평수사가 되어 남은 생애 동안 '로렌스 형제'로 살아갑니다. 실제 이름보다 로렌스 형제로 불린 날이 더 짧지만, 우리는 여전히 로렌스 형제라는 이름으로 그를 기억합니다. 더구나 그가 세상을 떠난 지 300년이 지난 지금까지도 유효한 그의 가르침에 우리는 크나큰 깨달음과 위로 그리고 도전을 받습니다.

잠깐 동안 사환으로 일하기도 하고, 군인이 되어 전쟁터에

---

* 태어난 연도는 확실치 않으나 1611년 또는 1614년경으로 알려져 있다. 세상을 떠난 날은 1691년 2월 12일이다. 그는 1666년에 평수사가 된 후부터 '부활의 로렌스 형제(Brother Lawrence of the Resurrection)'로 불렸다.

나가 싸우기도 한 그는 제대로 교육을 받지 못한 비천한 신분의 사내였습니다. 그런 로렌스 형제가 일평생 '하나님의 임재 연습'만을 인생 목표로 삼아 우직하게 살아낸 삶이 우리에게는 그 어떤 박학다식한 학자들의 가르침보다 훨씬 큰 깨달음을 전해줍니다.

> "모든 냄비와 솥과 주방도구의 주인이 되시는 하나님!
> 저로 하여금 식사 준비와 설거지를 통해
> 성자의 모습이 되어가도록 저를 빚어주소서!"

'주방의 성자'로 불리는 로렌스 형제는 어떤 상황에 처하든 매 순간 하나님과 동행하는 길을 찾았습니다. 아무리 하찮은 일을 할 때도 그 순간은 믿음의 길을 걸어가는 순례자의 여정이 되어 빛이 났습니다. 그가 평생 온몸으로 체현한 바는 소소한 일상 가운데 체험하는 하나님의 임재였습니다. 대단한 이론이나 체계화된 신학이 아닌 간명하고 쉬운 말로 전하는 신앙의 본질이 지금 우리 마음을 얼얼하게 하고 신앙을 돌아보게 하는 묵직한 도전으로 다가옵니다.

로렌스 형제가 걸어간 믿음의 여정을 글로 묶어 현재까지 전해준 이는 그의 벗 조제프 드 보포르Joseph de Beaufort 대수도원

장입니다. 그는 생전에 로렌스 형제와 나눴던 대화와 주고받은 편지, 원고, 그와 관련된 글을 모아 책으로 펴냈습니다.

그리스도 안에 한길을 가는 신앙인이자 벗으로서 로렌스 형제가 보포르 원장과 나눈 이야기가 「대화」 편에 정리돼 있고, 보포르 원장이나 몇몇 지인들과 주고받은 서신이 「편지」 편에 담겨 있습니다. 정해진 수신인이 있고 특정 사안에 대해 이야기를 나누고는 있지만 그 전체를 관통하는 주제는 "주가 계신 곳에 충만한 기쁨이 있다"는 시편의 말씀으로 잘 표현됩니다. 「조언」 편은 로렌스 형제가 평생에 걸쳐 완성해간 '하나님의 임재 연습'을 보다 심도 있게 정리한 내용입니다. 여기에는 신앙인들에게 보편적으로 적용될 만한 메시지가 담겨 있습니다. 로렌스 형제의 일상이 차곡차곡 쌓여 의미 있는 삶을 이룬 과정을 보여주는 「성품」 편은 가까이서 그를 지켜본 보포르 원장이 정리한 애정 어린 기록이며, 로렌스 형제를 바라본 그의 시선이 느껴지는 부분입니다. 그리고 「더 생각하기」 편은 로렌스 형제가 남긴 보석 같은 말들을 한데 묶은 것입니다. 많지 않은 분량이지만, 여기에는 평생을 바보처럼 하나님만 바라보며 살았던 로렌스 형제의 진심이 고스란히 담겨 있습니다.

본질에 도달하기 위해 그것을 둘러싼 두툼한 더께를 정으로 깨고 끌로 깎아내야 하는 경우가 있습니다. 철학이든 과학이든 신학이든 만만찮은 장비를 갖추고 각고의 노력을 기울여 마침내 고갱이에 도달하는 과정일 것입니다. 물론 그것은 그 것대로 의미 있는 과정입니다. 하지만 로렌스 형제가 무심하게 내놓은 실체는 아무 더께가 없는 본질입니다. 덩어리째 꿀꺽 삼켜도 되는 양분인 셈입니다. 그는 보석이 숨겨진 딱딱한 돌멩이가 아니라 그 자체가 반짝반짝 빛나는 보석인 아주 단순한 진리를 우리 손에 쥐어줍니다. 우리는 그저 그 보석을 내 것으로 삼아 잘 닦고 간직하면 됩니다. 그리고 그 가치를 귀히 여기는 분별력을 갖고 신앙의 여정에 나서면 됩니다.

오직 하나님의 임재만을 생각하며 살았고 보탤 것도 없고 덜어낼 것도 없이 딱 알맹이만을 전하며 살았던 그의 모습은 현대를 살아가는 우리에겐 다소 낯설기도 합니다. 빠르고 복잡하고 세련된 것이 어느새 우위가 돼버려 로렌스 형제가 보여준 단순하고 우직하고 툭박진 질그릇 같은 모습은 더 이상 미덕처럼 보이지 않는 시대가 되었습니다. 그러나 그렇다 하더라도 미련하다 싶을 만큼 묵묵히 산을 옮긴 노인 우공愚公처럼 평생을 하나만 생각하며 목표를 완성시켜간 그의 삶이, 허겁지겁 살아가는 우리의 현실에 꼭 필요한 제동 장치 역할을 하길 바랍니다.

우리보다 먼저 삶을 경험한 신앙의 선배는 인생 말미에 이런 말로 우리를 권고합니다.

"아주 오래전부터 시작된 하나님의 자비하심은 지금도 여전히 생생하게 살아 숨 쉬는데, 나는 그분을 사랑하기에 너무 늦어버린 건 아닌지 모르겠습니다.

여러분에게는 아직 살아갈 날이 많이 남아 있습니다. 젊을 적 하나님께 집중하지 못하고 그분에게 전념하지 못했던 나를 고백하며 여러분에게 간청합니다. 여러분의 모든 것을 하나님께 드리십시오. 내가 일찍이 하나님을 알았더라면, 내가 지금 여러분에게 하는 얘기를 누군가가 먼저 내게 해주었더라면, 나는 그분을 사랑하는 데 그렇게 오랜 시간을 지체하지 않았을 것입니다. 정말입니다. 하나님을 사랑하는 일에 드려지지 않은 하루하루는 잃어버린 날이나 다름없습니다."

정미현